さあ、いい仕事をしよう！

令和版

塩津 真［著］

ドラマと解説による組織マネジメントの教本

経営書院

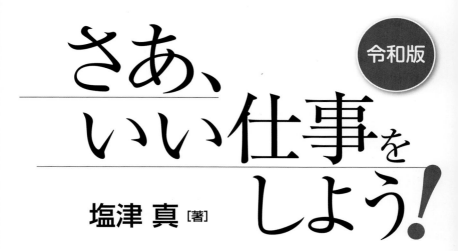

令和版　さあ、いい仕事をしよう！　目次

第2章 メンバーの役割設計

まえがき

「さあ、いい仕事をしよう！」と呼びかけられて、あなただったらどのように答えるでしょうか？

「オーケー。頑張ろうぜ！」と、即座に答えることができたら最高です。「わかりました。とにかくトライしてみます」という反応もあるでしょう。でも、もしかしたら、「え？『いい仕事』って言われても、一体何をしたらいいの？」というようなこともあるのではないでしょうか？

実は、ここに現在の組織マネジメントの大きな問題があるといえます。

「いい仕事」と言われて「サボらず、真面目に、言われたとおりに仕事をすること」と答えたら、それは正解とはいえないでしょう。「いい仕事」という限りは、「いい仕事のプロセス」を指すのではなく、「いい仕事の成果」であることは自明です。そうなると、「どういう成果を出すことが求められているのか」が明確でなければなりません。

ところが、今の時代の組織リーダー（管理職）たちにとって、「求められる成果」の明確化は、結構難しいのです。なぜならば、「求められる成果」はいつも同じなのではなく、状況に応じて変化するからです。「社会情勢はどのように変化しているか？」「市場のニーズはどこにあるのか？」「競合はどのような戦略を取っているか？」「我々の持ちえる経営資源は？」…。そして、「それらを勘案して当社の経営トップはどのような方針・戦略を打ち出すのか？」。それらの状況の全てが組織に対して「求められる成果」に大きな影響を与えます。しかも、それらの変化のスピードはめまぐるしく速い。

また、そうなると、当然メンバー一人ひとりに期待される「いい仕事」の持つ意味も変わってきます。「その場、その時、その人によって『いい仕事』の中身は違う」ということです。いわば、自分自身にとっての「担うべき役割」「追求すべき成果」を明確にして「具体的な戦術・手段を構築」し、「最終的に果実を得る」ところまでの責任を果たしていかなければ、「いい仕事」とはいえないのではないでしょうか。そして、それこそが、今の時代に求められる「成果主義」と言えるのです。

さて、日本の産業界で「成果主義」が標榜されて久しくなります。そして、その「成果主義」の中心を支える仕組みとして「目標管理（Management by Objectives）」が紹介され、各企業で採用されています。

しかし、その「成果主義」および「目標管理」について間違った位置付けによる不適正な活用を行ってしまうと、かえって企業にとって害悪のあるものへと成り下がりかねません。とくに、

「目標管理」の結果を「人事処遇」の決定へと連動させていく構造を間違え、うまく運用できなくなっている例は数多く見られます。「成果主義」の本当の意味するところは、「人事処遇」とは別のところにあります。また、「目標管理」も「人事制度」の一つなのではなく、「『成果主義』を的確にマネジメントしていく方法」に他なりません。

本書は、「成果主義」および「目標管理」の意味とその具体的なプロセスを、今、第一線で仕事をする組織リーダーの皆さんに的確にご理解いただくことを目的としています。つまり、「職場でいかにして『いい仕事』を追求し、実現していくか」を紹介するものであり、形を変えた「組織マネジメント教本」であるととらえていただきたいと思います。

本書では、「目標管理のマネジメントプロセス」に沿って「ドラマ」が展開し、そのドラマへの「解説」をとおして、そのプロセスにおけるマネジメントの意味と方法を一般的に整理していくという方法をとっています。構成は大きく序章と五つの章、そして最終章に分かれ、序章はドラマの導入部として位置付け、第一章から第五章は「目標管理のマネジメントプロセス」の大きな五つのくくりにそれぞれ対応しています。最終章は「目標管理」を活用して運用する「人事評価」について紹介しています。

目標管理のマネジメントプロセス

マネジメントプロセス			内　容
目標設定・計画プロセス	組織目標の設定	「基本使命」に照らして、担うべき「任務」を洗い出す	それぞれの組織単位の「使命」に照らして、どのような貢献を果たす「任務」を担っているのか、また、担うべきであるのかを組織リーダー自身が洗い出す
		現状を分析し、適正な「組織目標」を設定する	組織の「任務」を高いレベルで果たしていくことを目指し、現状を把握・分析して「組織目標」を設定し、その目標達成のための主要な戦術・業務プロセスを想定する
	メンバーの役割設計	メンバーの状況を理解し、合理的な役割分担を設計する	想定した「業務プロセス」を展開していくうえで、組織内のメンバー個々が担う「役割」を「組織の生産性」と「メンバー個々のやりがい」の両面から設計する
		組織目標・役割に対するメンバーの理解・共感を引き出す	組織内のメンバーと「組織目標」と「組織内の役割分担」について組織ミーティングや個別面談を通じて共有し、メンバー個々の理解・共感を十分に引き出していく
	個人目標の設定	「役割」の目的を理解し、ふさわしい「個人目標」を設定する	メンバー個々が自分自身の担う「役割」について分析し、当該期に追求する「成果」の指標としてふさわしい「目標項目・達成レベル」を選定して「個人目標」を設定する
		「目標達成」を具体的にイメージできるように導く	メンバーが自身の目標の達成を具体的にイメージできるよう、組織リーダーが上司として必要な情報の提供を行うとともに、個別面談等を活用して強く動機付けていく
進捗管理・振返りプロセス	進捗状況のフォロー	メンバーの支援・指導をタイムリーに行う	メンバー個々の業務状況を適宜把握し、仕事の仕方の改善や目標修正の必要性が生じた場合は、組織リーダーとしてその都度タイムリーな支援・指導を行う
		問題を発見・分析して、問題解決を図る	組織全体の成果の追求に向け、適宜その状況をチェック･評価し、解決すべき問題点の発見に努め、その問題の原因を分析して解決策を構築し、問題解決を行う
	振返り評価	組織としての成果とプロセスを振返って評価する	組織目標の達成状況を振返って組織としての仕事成果と業務プロセスを評価し、組織メンバー全員で次期に取り組むべき課題や改善点・留意点の共有化を図る
		メンバー個々の仕事を振返り、次期のレベルアップに活かす	組織全体の振返りを受けて、メンバー個々の目標達成状況・業務遂行状況を振返り、次期の成果追求・役割のレベルをアップしていくうえでの課題を明確にする

ドラマは、文房具・ファッション雑貨の取り扱いを中心とした専門商社である「元川商会」の「第一営業部」を舞台に、「営業企画課」の新任課長の桜田と上司・同僚との関係や課のメンバーたちの活躍ぶりを描いています。

「元川商会」は、戦前から一〇〇年以上の歴史のある老舗商社で、国内外のメーカーから仕入れを行い、国内の文房具店・雑貨店を中心に卸売りを行っています。従業員は約一五〇人。これまでいくつかの経営危機を乗り越えながら堅実に経営を展開してきた中堅優良企業という設定です。

読者の皆さんも、桜田たちの立場に共感しながらドラマを読み進めていただき、そして、桜田たちと同じように、皆さんの組織で「いい仕事」をしていくことの参考にしていただければ幸いです。

なお、このドラマは、筆者が知る数社の事例をもとに創作したもので、舞台となる会社・組織も登場人物もすべて架空のものです。

〈登場人物〉

桜田　久（四〇歳）：本ドラマの主人公。新任の営業企画課課長として総務部から第一営業部に異動してきた。新卒で入社後一〇年程営業担当をしていた経験はあるが、営業セクションへは八年ぶりの復帰となる。また、課長として組織マネジメントを担うのは初めてである。

佐々木ゆかり（三五歳）：営業企画課のメンバー（主任）。営業担当から営業企画課に異動して四年。これまでの営業企画課の仕事を一手に引き受け、テキパキとこなしている。

大野　咲江（三〇歳）：営業企画課のメンバー。一年半の育児休業を経て一年前から「時短勤務」で営業企画課に復帰。休職の前は業務部に所属。

竹内　知也（二三歳）：新卒入社二年目の社員。一年目は営業担当として営業二課に所属。営業担当としては力を発揮できず、四月より営業企画課に異動。

渡辺　正英（六〇歳）：昨年の秋に定年退職し、今は嘱託社員として勤務。定年を機に会社直営の販売店「モトカ・ステーション」をオープンさせ、その運営を担当。桜田の異動に合わせて所属が営業一課から営業企画課となる。

寺山：第一営業部　部長（五一歳）

染谷：第一営業部　営業一課　課長（四七歳）

谷川：第一営業部　営業二課　課長（五六歳）
山根：第一営業部　営業三課　課長（四五歳）
浅沼：人事部長

登場人物相関図

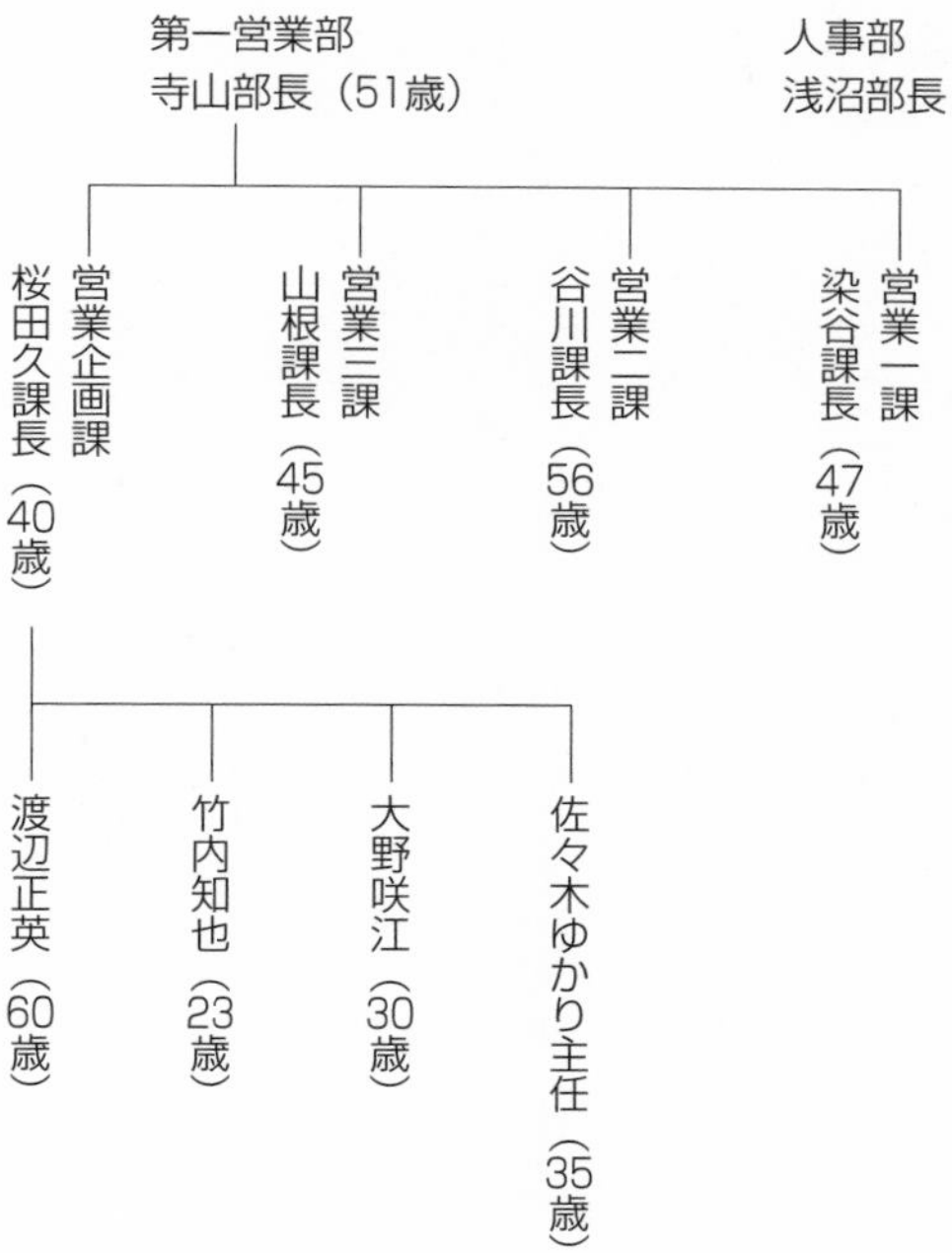

序章

組織マネジメントと目標管理

ドラマ

「えっ？　『課長』なんですか？」

桜田は、話し続ける人事部長の浅沼の言葉を思わずさえぎった。

この日はまだ寒さの残る三月の上旬。四月からの人事の内示ということで、本来であればやや早い印象であるが、桜田は人事部長に呼び出されたのである。

「そうだよ。あれ、ちゃんと聞いていなかったの？　だから、桜田君にはこの四月から営業企画課の課長として第一営業部に戻ってもらうんだよ。今、営業企画課の課長は部長の寺山君が兼務しているからね」

浅沼のメガネの奥の丸い目が、かすかにほほ笑んだようだった。

「そうか、桜田君にとっては今回が初めての課長就任だよね。そういう意味では、もう少し丁寧に話をしなければならなかったね。でも、昨年四月に幹部職三級に昇格したんだから、いつ課長になってもいい準備はしてもらっていると思っていたよ」

「元川商会」では「等級制度」と「役職制度」を区分して運用しており、「幹部職三級」以上の等級に格付けられていることが課長以上の役職者への登用の資格条件となっている。その意味では「いつ課長になってもいい準備」と言われれば確かにそのとおりで、現に昨年の昇格時には同期昇格の四人で「マネジメント研修」も受けさせてもらったなあと、桜田自身も頭の中の遠いところで思い出していた。

ただし、「幹部職三級昇格＝課長」ということではなく、現に、幹部職三級で課長に就いていない者がいることも桜田自身よく理解している。だから、今回の人事の内示も単に「営業企画課」への異動ということしか頭になかったというのが本音である。

「とはいっても、知ってのとおり組織体制の変更はよくあることだし、役職者についても柔軟に人事を行うものだから、まあ『昇進おめでとう』というほどのものでもないんだけれどね」

浅沼は、長く管理部門を勤め上げてきたことを感じさせる独特のゆっくりとした口調で、小柄で細身の体を動かすことなく、あえて諭すように語った。

「それから…」と、一度言葉を飲み込んだうえで、「この営業企画課は、これまでの営業企画課とは違うものだと思ってもらいたい。詳しくは寺山部長から聞いてもらうことになるが、いずれにしても新たな取り組みとして経営陣も注目しているからね。まあ、あまり脅かしても仕方がないから、まずは寺山君とじっくりすり合わせることから始めてくれればいいから」

桜田は入社時から一〇年間は「営業部」に所属し、当時の主力商品だった筆記具を中心に主にデパートを顧客として営業担当をしていた。その頃には寺山の部下であった時代もあり、今も社内における信頼する先輩として親しく付き合っている。なお、「第一営業部」という名称は、一〇年ほど前にそれまでとはまったく違う顧客を対象とした「新規事業」として「第二営業部」「第三営業部」が立ち上げられた時に改めて付けたもので、「第一営業部」が今でも全社の売上の六割程度を占めており、社内的に「営業部」と言えば「第一営業部」を指しているのが現状である。社内には、これら「営業部門」以外に会社が取り扱うすべての商品の物流や会計の管理を行う「業務部門」、人事部・総務部・経理部といった「管理部門」がある。また、社長直轄の部署として新商品の開発を行う「商品開発室」が置かれている。

桜田は入社一〇年経ったところで、当時欠員が生じてどうしても必要だった採用担当の仕事で人事部に異動し、その後、総務部で主に業務改善の仕事を担当してきている。在庫管理システムの構築や伝票処理システム等、社内における合理化の推進に先頭立って活躍し、確実に成果を上げてきた。桜田自身はシステムに強いわけではないが、業務を合理的に整理して問題を発見し、目に見えて効率性の向上やミスの削減に貢献することができる今の仕事にやりがいを感じていた。

「と、おっしゃいますと、営業部の業務システムの改善を行うということではないんですね」

桜田は、先に「営業企画課」と聞いた時、てっきり寺山部長から不満を聞かされていたシステムの改善を担当するものとばかり思っており、そう、言葉に出してしまった。

「だから、課長として行ってもらうんだよ」

今度は、浅沼はやや語気を強めた。

「課長は会社の管理職として、経営者に代わって担当組織の業績の追求の責任を担っているのだからね。そのつもりでしっかりと組織マネジメントしてもらわなければ困るんだ。それから、営業部内の人事異動については寺山君に一任しているけれど、メンバーも一部変わるようだから、そのこともよく聞いておいてください」

桜田は浅沼の「経営者に代わって」という言葉を耳にし、改めて、昨年受けた「マネジメント研修」の内容を思い出した。そして、「メンバー」という言葉に、部下を持つ立場になったことに気付き、ことの重大さに改めて身が引き締まる思いであった。

「まずは、部の中期経営計画書を見ておいてくれ」

人事部長の浅沼との面談を終了した午後三時頃、桜田はその足で「第一営業部」のあるフロアーに行ってみた。とはいえ、寺山部長は当然アポイントなしで時間が取れる相手ではない。幸いなことにデスクにはいたものの、このあとすぐに二時間ほど外出するので、帰ってきてから時間を取りたいとのことだった。そして、その間に見ておいてくれと、「第一営業部の中期経営計画書」を手渡されたのだ。

桜田は、この日は総務部のデスクにはいったん戻ったものの総務の仕事に手を付ける気になれず、渡された「中期経営計画書」を見てみることにした。

「なんだ、営業企画課の仕事については何も書いていないじゃないか…」

全部で一〇ページほどの「中期経営計画書」にざっと目をとおし、てっきり「営業企画課」の業務内容について記載されていると思っていた桜田は、ちょっと当てが外れた思いがした。

「経営計画書」の内容は、今後五年間を想定してマーケットの環境変化を見とおしたうえで大きく二つの方針を立て、その方針に沿って具体的な戦略を示していた。そして、その戦略の展開を前提に五年分の売上・原価・経費とそれに基づく営業利益の予想が示され、最後に解決すべき課題が列挙されていた。

「なるほど、経営計画書って、こういう風に作るんだな」

もちろん桜田が「経営計画書」を見ることは初めてではない。しかし今回の内容については、なんだか今までのものとは違う印象を受けた。何よりも五年後の売上予測が今期の九五％にとどまり、かえってリアリティが感じられた。また、「中規模取引（年間二百万～五百万円）の顧客を日本全国に広げる」と「『元川』がさまざまな種類の良い商品を提供する企業であるということを顧客に浸透させる」という二つの方針については少なからず驚かされた。そして、「なぜこの方針なのだ？」「この方針をどうやって実現させるのだ？」と、「経営計画書」のページを前後にめくり直しながら、何度も確認してみた。

午後五時過ぎ、桜田は寺山の帰社を確認して改めて「第一営業部」のフロアーに向かった。フロアーには帰社した営業担当の姿が何人か見られ、先ほどよりは人数が増えていたが、リモートワークが定着してから以前のように必ずオフィスに帰って伝票処理をする姿は影を潜め、桜田自身が営業担当をしていた頃の雰囲気とは隔世の感がある。桜田は寺山部長の手招きに応じ、営業部の見知った顔に挨拶しながら、部長席の後ろにあるミーティングルームに入っていった。

「浅沼さんからはもう聞いたんだよね。二年越しのラブコールがやっとかなって僕も本当に嬉しいよ」

寺山の最高の歓迎の弁に、桜田も思わず目を丸くしてしまい、少し間をおいてから、「よろしくお願いします」と頭を下げる形になってしまった。

寺山は五〇歳代になったところであるが、もともと背が高いうえに最近ちょっと体重も増えて、ますます大柄になってきた印象である。明るく飾らない人柄で社内でも人気があり、次期役員候補の呼び声も高い。「元川商会」の屋台骨である「第一営業部」を二年前から任され、まさに事業をけん引している。

「で、どう思った？　率直な感想を聞かせてよ」

寺山は桜田に対して「中期経営計画書」についての感想を単刀直入に聞いてきた。

「感想と言われましても、とにかく、数字も含めてかなり熟考されているなあと思いました」

桜田は「経営計画書」を見て感じたところを包み隠さず述べた。特に、「中規模取引（年間二百万～五百万円）の顧客を日本全国に広げる」と「『元川』がさまざまな種類の良い商品を提供する企業であるということを顧客に浸透させる」という二つの方針について、その新鮮さに驚いていることを伝え、その意図を寺山に改めて質問してみた。

「そうなんだよ。これまではどちらかというと『商品を絞り込み、大きな取引の可能性の高い顧客にできるだけ集中して営業をする』といった方針だったからね。とにかく、顧客数を絞り込むことのリスクは大きいし、このままだと、百年の歴史のある『元川商会』がお客様から忘れられかねない。『文化的生活を日本の隅々に広げる』という企業理念に照らしても方針としてふさわしいと考えているんだ」と、寺山は、これまでの数年における市場の変化について、特に「デパートに代表される古い大口顧客の取引量が極端に少なくなる傾向があること」「地方を中心にまったく注文が入らなくなった古い取引先が出てきていること」に危機感を持っていることを語り始めた。

これらのことは桜田にとっても理解できることであった。「でも、この方針の転換は、なかなか難しいですよね」
桜田は、これまで長年とってきた「第一営業部」の営業スタイルを思い浮かべ、感想を述べずにはいられなかった。

「そこで、この二つの方針を営業企画課で展開してほしいんだ」

寺山は、口調を改めて桜田にそう告げた。それまで「第一営業部の中期経営計画書」と自身の担当業務とを重ねて考えていなかった桜田にとって、寺山のこの言葉は大いに驚かされるものであった。

「『営業企画課で展開する』っておっしゃいましたが、『営業企画課』は営業各課の業績情報を取りまとめてレポートすることが仕事ですよね。あとは各種キャンペーンの推進といった、いずれにしても営業各課のサポート役じゃあないんですか?」

「何を言っているんだ。だったらわざわざ桜田君を呼んだりしないよ。名前は『営業企画課』のままだけど、今までとは仕事を変えていくんだよ。もっとも本来の『営業企画』の意味からいうと、これまでの仕事が違っていたかも知れないな。とにかく、『営業課』主導では新方針は絶対にうまく進展しない」

寺山は、ここぞとばかりに言葉を続けた。

「もちろん、そのへんについては部内で課長連中と十分にすり合わせて来ているし、『経営計画書』にもあるように戦略もある程度は立てることができている。新方針の責任者は私自身なんだから、『全部、君がやってくれ！』と言っているわけではないよ。でも、この手の業務改革にはどうしても実務に長け、馬力のある推進リーダーが必要だ。だからこそ桜田君に来てもらったということだよ」

「それじゃあ、来期の『営業企画課』の『組織目標シート』の作成に向けて三月中にはすり合わせたいと思うから、おおかたのところを考えておいてね。今期については『営業企画課』といっても、『課』といえるような所帯じゃなかったから、特に『組織目標』は作っていないんだ。いろいろわからないことも多いと思うけれど、よろしく頼むね。総務部の田代部長には僕のほうからも言っておいたから。どうせ総務課の来期の計画については先月中にでき上がっていて、一仕事区切りがついて時間はあるんでしょ」

桜田は、寺山の意外な手回しの良さに驚いた。


一時間ほどの寺山との話を終えて総務部のデスクに戻り、桜田は寺山との話を頭の中で繰り返していた。

「ああ、そうか『組織目標』の設定か…」

「元川商会」では、社内のマネジメントのやり方の統一化を図ることを目的に、全ての部署で「目標管理」に基づいた一連のプロセスが展開されている。一応「モトカワ・マネジメントシステム」というそれらしい名称が冠せられているのだが、社内では単に「目標管理」という言い方で定着している。毎年三月中に各組織のリーダーが次年度の「組織目標シート」を作成し、四月に入ってから組織のメンバー個々が「個人目標シート」に「個人目標」を設定する。「個人目標」のほうは、上期・下期の半年ごとに設定し、一〇月には上期の振返り評価を行って下期目標を改めて設定するというスケジュールで、その間「目標設定面談」や「中間面談」といったプロセスを含め、一連の「モトカワ・マネジメントシステム」ということになっている（図表1）。

桜田は、改めて昨年の昇格時に受けた「マネジメント研修」で配付された「MMS（モトカワ・マネジメントシステム）ハンドブック」を引き出しから取り出し、開いてみた。

「そうか、今までみたいに『個人目標』を作るだけでなく、課長になったら「組織目標」の設定からスタートするんだよな」

桜田は改めて「課長」という組織リーダーの役割に就くことについて思いを新たにするのであった。

❖図表1　MMS（モトカワ・マネジメントシステム）の基本スケジュール

スケジュール	組織の目標管理	メンバーの目標管理
3月	部門の次年度運営計画の立案 →新年度「組織年間目標・業務計画」の設定	
4月	→組織内の「メンバーの役割」の設計	→「上期　個人目標」の設定 （上期目標設定面談）
5～8月		「上期　中間レビュー」の実施 （上期中間面談）
9月	組織中間（上期末）レビュー	→「上期末振返り評価」の実施 （上期振返り評価面談）
10月	→下期の「業務計画・組織内の「メンバーの役割」の再設計	→「下期　個人目標」の設定 （下期目標設定面談）
11～2月		「下期　中間レビュー」の実施 （下期中間面談）
3月	組織の「年間目標」の振返り	→「下期末振返り評価」の実施 （下期振返り評価面談）

解説

▼「目標管理」は「成果追求」のための組織マネジメント手法である

ドラマは、元川商会の新任課長となる桜田が、異動先の職場で、上司の寺山部長から会社の「目標管理制度（モトカワ・マネジメントシステム）」に基づいて、四月からの新しい年度に向けた「課の組織目標」の設定を求められるところからスタートしています。そして、このあと、組織内のメンバーの「個人目標」に展開していくことになります。

「目標管理（Management by objectives：ＭＢＯと略される）」は、一九五〇年から六〇年代にかけてアメリカの経営学者であるドラッカーらによって提唱された組織マネジメントの手法で、日本においても一九六四年に産業能率大学によって紹介されて以来、多くの企業で導入されています。「目標管理」が提唱されてきた時代を振返れば、まさに世界は高度成長期。大量生産に向けて作業をできるだけ標準化・単純化し、職人技をなくしていく方向に動いていました。ただし、そうなると、「作業」そのものには面白さはなく、仕事に興味が持てなくなってしまいます。そこで、「目標を掲げてその達成を目指していくことで、仕事に前向きに取り組ませる」という考え方を普及させることは大いに納得できます。

「目標管理」が「組織マネジメントの手法」であることは、広く理解されていることであるとは思いますが、これが「目標管理制度」という企業内の「制度」となると、その内容に対する理解は異なってくるようです。特に、我が国においては、一九九〇年代に「『成果主義賃金』の基になる『業績評価』をすることを目的にした『目標管理制度』の導入」という「ブーム」があったことで、「目標管理制度」が「人事評価制度」と同一視されてしまうことが多く見受けられます。

もちろん「目標管理」は「人事評価」を行ううえで大きな要素とはなりますが、「人事評価」を行うための仕組みではありません。しかし、この「目標管理＝人事評価」のイメージは、なかなか強固なものがあります。そこで、「組織マネジメントの手段としての目標管理」を強調する意図で、「〇〇社マネジメントプロセス」「××式マネジメントルール」と名称を付け、位置付けを明確にしようとしている企業も多いようです。このドラマにおいても「モトカワ・マネジメントシステム」という名称が付けられていましたが、これもそのような意図だと考えることができます。

▼「目標管理」を展開することで、仕事にやりがいを持てるようになる

それでは、なぜ「明確な業務目標を自ら設定する」と「仕事に対する前向きな姿勢・高い成果の創出」が期待できるのか、そのメカニズムについては、次のようなポイントを挙げることができます。

①「目的意識」を持って仕事に取り組むことができる

「目標管理」では、まず「どんな成果を出すのか」を「目標」として具体的に定め、次に「やり方（プロセス）」を考える順番となります。そのことで、自ずと目の前の「作業」ではなく、その「作業」によって追求する「成果」に意識が集中することになります。

②仕事の「意味・価値」を理解することで動機付けられる

仕事の「目的意識」を持つということは、究極はその仕事の持つ「意味や価値」を理解するということにつながります。どのように役立っているのかを理解してそのことに共感できれば、自ずとその仕事に対する動機が高まることが期待できるでしょう。

③成果に対する「責任感」が出る

目指す「成果」を「目標」として掲げ、その達成を目指していることを自分自身や周囲に対し

て宣言することで、そこに「責任感」が発生します。その「責任感」が、簡単にあきらめることなくぎりぎり一杯の努力をすることの原動力となります。

④ハードルをクリアすることから得られる「達成感」を持てる

「目標管理」において設定する「目標」は、「簡単に達成できるもの」でも、「絶対に無理なもの」でもなく、「努力をすることで達成することができるレベル」が求められます。したがって、その「目標」を達成することができれば、当然、達成感を得ることができます。

⑤自分自身の「成長」を感じることができる

「ハードルをクリアする達成感」は、長期的な視点からは自分自身の「成長感」につながります。「これまで任されていなかった役割を担えるようになった」となれば、自身の成長度を感じることができるとともに、「来年はこうしたい」「三年後はこうなりたい」と、成長意欲を高めていくことにつながります。

⑥「振返り評価」によって、次のレベルアップにつなげていくことができる

「目標管理」では、「目標設定」とともに「期末の振返り評価」が重要なプロセスとして位置付けられています。「振返り」をすることで、次期の取組みに対する動機付けを行うとともに、次期に取組むべき課題や取り組み上のポイントを明確にすることができ、そのことで、レベルアップのサイクルを回していくことができるのです。

▼「目標管理」は、「会社・部門」→「組織単位」→「個人」と展開する

前項で「目標管理」において「目的意識を持つ」「仕事の意味・価値の理解による動機付け」が重要であると紹介しましたが、そのことは、つまり「会社・部門」→「組織単位」→「メンバー個々」の仕事のつながりを明確に整理することでもあります。

ドラマで桜田は、第一営業部の「中期経営計画書」に目をとおすところから始まって、課長としてこの「中期経営計画」を「営業企画課」の計画に落とし込み、課の「組織目標」を設定しようとしていました。そして、その「営業企画課」の「組織目標」は、次に課内のメンバー個々の「個人目標」に展開されていくことになります。

また、部の「中期経営計画」は、このところの市場の変化の中で会社をどのように経営していくことが求められるか、といった観点で立てられており、特に「文化的生活を日本の隅々に広げる」という「企業理念」に照らして、新たな二つの方針が打ち出されていました。「図表2」は、この「会社」→「組織単位」→「個人」と展開する「目標管理」の全体構造を紹介したものです。本書におけるドラマもこの構造に合わせて進展しています。

❖図表２　「目標管理」の全体構造

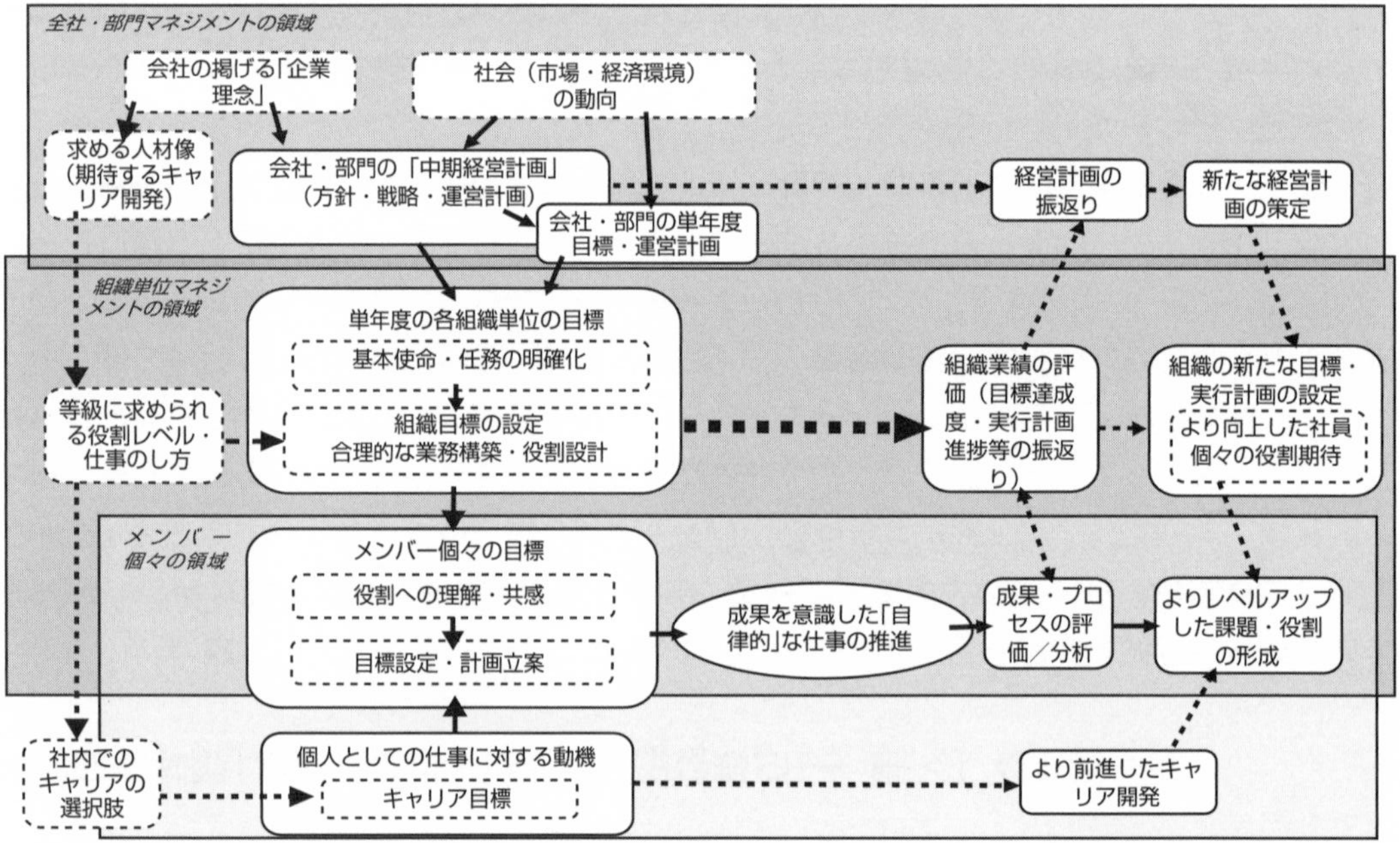

全社・部門マネジメントの領域
会社の掲げる「企業理念」
社会（市場・経済環境）の動向
求める人材像（期待するキャリア開発）
会社・部門の「中期経営計画」（方針・戦略・運営計画）
会社・部門の単年度目標・運営計画
経営計画の振返り
新たな経営計画の策定
組織単位マネジメントの領域
等級に求められる役割レベル・仕事のし方
単年度の各組織単位の目標
基本使命・任務の明確化
組織目標の設定
合理的な業務構築・役割設計
組織業績の評価（目標達成度・実行計画進捗等の振返り）
組織の新たな目標・実行計画の設定
より向上した社員個々の役割期待
メンバー個々の領域
メンバー個々の目標
役割への理解・共感
目標設定・計画立案
成果を意識した「自律的」な仕事の推進
成果・プロセスの評価／分析
よりレベルアップした課題・役割の形成
社内でのキャリアの選択肢
個人としての仕事に対する動機
キャリア目標
より前進したキャリア開発

さて、ドラマではこれから「第一営業部の戦略」を受けて「営業企画課」の「組織目標」を設定することになるわけですが、今の段階で次のような二つのメッセージが読み取れます。

①「戦略」に従って「組織単位」は変化する

②短期的だけではなく、中長期的な視点からも「成果」をとらえる

「組織は戦略に従う」は、チャンドラーというかつてのアメリカの経営学者の有名な言葉ですが、優先すべきなのは「どのような事業戦略を採るか」であり、その戦略を展開していくうえで「合理的な組織を編成していく」という順番で考え、「既存の組織の枠組みにとらわれてはいけない」ということを示唆するものです。今まさに「第一営業部」の新たな戦略を展開していくうえで、名称は同じであってもこれまでとは異なる「営業企画課」が誕生したと言えそうです。しかし、このことに気が付いていないと適正な「組織目標」の設定は難しくなってくるでしょう。

また、「目標」を掲げて追求していく「成果」についても、「とにかく今期の会社の儲けに貢献すればいいんでしょっ！」と簡単に片付けるわけにはいきません。「会社」というものは、今年だけでなく、五年後も一〇年後も、できれば永遠に生き続けていくことを前提として事業活動を行っています。その意味では、「五年後の経営に対する貢献」を「成果」としてとらえることも欠くことのできない視点です。

元川商会に限らず、現在の企業を取り巻く環境変化は非常に激しくなっています。顧客や市場の変化は速く、ちょっと前に考えていたものがもう通用しなくなってしまうことも日常茶飯事でしょう。でも、だからと言って「『中期経営計画』なんて立てても意味ないよね」というわけにはいきません。わからない中でも先を予測し、必要と思われる手を打っていく。予測どおりにならないこともあり、「中期経営計画」も一年後には見直すといったことだってあるでしょう。それでも企業は必死になって将来に向けた戦略を打ち出していかなければなりません。

以上のような観点から、桜田が今期「営業企画課」をどのようにマネジメントしていくのか、是非、興味を持ってドラマを読み進めてください。

第1章

組織目標の設定

第1節

組織の「使命」に照らして、担うべき「任務」を洗い出す

ドラマ

「もっと、問題意識を強く持ってください！」

寺山部長の大きな声に、会議室に一瞬沈黙が流れた。

三月の第三週の火曜日。桜田はまだ異動前ではあるが、四月からの組織人事が全社発令されたのを機に第一営業部の「定例・部課長会」に寺山から呼ばれて参加していたのである。参加者は桜田・寺山のほか、営業一課長の染谷、二課長の谷川、三課長の山根の五名である。それぞれとは桜田は面識があり、初めての会議だからと言って特に緊張することはない。いずれにしても「営業企画課」の「組織目標」を設定するうえで重要な意味があると桜田は認識していた。

部長の寺山が語気を荒げたのは、来期の各課の組織目標の設定にあたって「売上・粗利目標で

さえ大変なのに顧客数目標まで追加されるのはつらい」といった発言を二課長の谷川がしたことに対して寺山の気持ちが一瞬爆発したのだ。とはいえ、谷川課長は寺山部長よりも四、五年先輩に当たるだけあって言葉遣いは丁寧である。桜田には寺山の気持ちがよくわかった。

「来期から『第一営業部』では、『中規模取引（年間二百万円～五百万円）の顧客を日本全国に広げる』と『さまざまな種類の良い商品を提供する企業であるということを顧客に浸透させる』という二つの方針を掲げてやっていきます。そして、そのための重要戦略として、どうしても来期の取引顧客数を今期の倍にはしたい。どんなに小さい取引でもいいんです…」

寺山は、すぐに語気を改め、丁寧に噛み砕くように説明を始めた。内容は桜田が先日聞いていたものに比べそれほどレベルの高い話とは思えなかった。

「わかったよ。顧客数目標を設定するよ」

谷川は納得したことを表明したが、十分方針に共感しているとは桜田には感じられなかった。寺山から「部内で課長連中とはすり合わせできている」と聞かされた話とは少し違うような印象を受けた。

会議ではこの「顧客数目標」の具体的な進め方についてより細かいすり合わせが行われた。

「以前取引のあった休眠顧客のリストの取り扱い」「新規取引先の信用情報確認」「営業中の新規顧客の部内情報の共有の仕方」。それらの重要性についての認識を共有しながら、「営業企画課」

としてはこれまでも行ってきている「売上額・粗利額」といった進捗データの取りまとめとフィードバックに加え、「営業中および取引がスタートした顧客名・顧客数の情報」についても取りまとめて定期的にフィードバックするという役割を果たすことを確認した。

しかし、これに対し、もう一つの方針である「『元川』がさまざまな種類の良い商品を提供する企業であるということを顧客に浸透させる」については議論のトーンがやや落ちる感じであった。

「とにかく、各担当者による『商品勉強会』の頻度を増やして既存の商品ラインナップを広く浸透させていくことが最も具体的な方法だけど、それぞれ担当顧客がいることだし、『商品別目標』を掲げて営業活動するのはなかなか難しいですよね」と営業三課長の山根が発言し、それに対して他の課長もうなずくばかりだった。

現在の「新商品開発」は、各仕入れ先からの新商品の売り込みに「商品開発室」が対応して吟味して、各商品群別に社内横断的に担当者を置き、勉強会を開いて浸透を図っていくやり方が中心である。また、まれに各担当顧客からの要望に応じて該当商品を探し出して「商品開発室」に申請することもあるが、いずれにしても「さまざまな種類の良い商品」をどんどん紹介していくというスタイルにはなっていない。

「そうそう、この方針は『何かあったら、元川に相談しよう』っていうイメージを顧客に持ってもらうことを目指しているわけだから、まずはそのことを明確に位置付けてもらって、桜田課長にいろいろと考えてもらおうじゃありませんか」と、寺山がまとめ、一同は大きくうなずいた。

「それも、営業企画課の仕事なんですか？」

桜田が声を上げたのは、「部課長会」において営業一課長の染谷から「『山の上ビル』にある文房具店の運営管理も営業企画課に担当してもらうんですよね」という確認に対し、部長の寺山が「そうだったね」と言った時であった。桜田にとってはもちろん初耳で、染谷の言っていることの意味が全くといっていいほど理解できなかったのである。

「桜田君も昨年八月からスタートした『モトカ・ステーション』は知っているよね？」

桜田の表情を見て、寺山が続けた。

「そうだよな。社内的にはあまり宣伝していないもんな。実は以前の大口顧客であった『山の上百貨店』が店じまいして新たに大型テナントビルの『山の上ビル』になった時に先方から頼まれて、うちとしての直営店を出したんだ。それが『モトカ・ステーション』なんだ」

「そうだったんですか。いや、でも、なんで全社的にはあまり知らせていないんですか？」

「実はさ、ちょっと訳ありで。ここだけの話なんだが、ほら、ナベさんが社長に勝手に掛け合って始めたんだ。いわば『ナベさんのお店』ということなんだ。」

「ナベさんのお店」と言われて、桜田もなんとなく状況が呑み込めてきた。

ナベさんこと渡辺正英は、若い時から常にトップの成績を上げていたいわば伝説の営業マンで、よっぽど最近の入社でない限り社内で知らない人はいないといった存在である。昨年の秋に定年の六〇歳を迎え、今は定年後嘱託社員である。若い時に一時期課長だったことはあるが、本人からの申し出もあり、すぐに課長を外れて「営業マネジャー」という肩書で「営業一課」に所属していた。それが、担当していた「山の上百貨店」の店じまいとともに「営業マンとしての自分の役割はもう終わり」という感じで、先方からの誘いにむしろ積極的に乗って「モトカ・ステーション」の話をどんどん進め、「第一営業部長」の寺山を飛ばして元川社長に働きかけて了解を取り付け、さっさと開店にこぎ付けたというのが、寺山の説明だった。

「『寺ちゃんには迷惑を掛けないから』って、何もかもナベさんが独りでやっているんだ。ナベさんみたいな営業スタイルではこれからは難しいと感じていたところだから、おそらく社長としても功労者の定年後の居場所を作ったのかなあと思っているんだ。でも、いざ開業してからは染谷課長に結構やいのやいの言ってくることが多くて染谷君としてもやりにくかったところだから、今年度からは『営業企画課』の担当にするほうがいいんだよ」

「それから、営業企画課には二課から二年目の竹内君を異動させるから、この子についてもよろしくね。頭のいい子だから、いろいろと鍛えてほしい。詳しくはまたの機会に話をするから。これで現状の佐々木女史と大野さん、それに竹内君にナベさん。そして、桜田課長の五人体制で新生『営業企画課』はスタートすることになるね。まあ、現状の仕事については主任の佐々木さんに聞けばなんでもわかるから、よろしくね」

桜田としては寺山の言葉にちょっと引っかかるところも感じたが、それ以上に突っ込んで聞くことはしなかった。ほどなく第一営業部の部課長会は終了した。

「うちの課の『任務』って、これでいいのかな…?」

第一営業部の部課長会の翌日、桜田は総務部のデスクでパソコンに向かい、前日の会議で得た情報をもとに「組織目標シート」の作成にさっそく取り掛かっていた。「元川商会」の「組織目標シート」は、左端に「組織の主要任務」を位置付け、その「任務」ごとに「今期の目標」を記入するようになっている。桜田は、シートの上から「各課・各営業担当の売上・粗利額の進捗データの取りまとめとフィードバック」「各課の営業先の情報収集と必要な信用調査の実施とフィードバック」「部の販促施策の企画・進行」と、ここまで書いて少し考え込んでしまった。

「こんな風に業務を一つひとつ列挙していったらきりがないよなあ」

あまりに細かすぎて「任務」の整理としてはふさわしくないことに気が付いたのだ。

「もう少し、大きく仕事の意味や目的をくくってみる必要がありそうだ…。そうだ。『新生・営業企画課』なんだから、改めて『誰に対してどんな貢献をするのか』を言葉として整理して『組織の使命』をきちんと位置付けるところから始めてみよう」

桜田は、昨年受けたマネジメント研修の講師の話を思い出し、まずは、営業企画課の「基本使命」を表してみることにした。

「とにかく部長からは『部の二つの方針を展開してほしい』って言われているのだし…」

桜田は、改めて第一営業部の「中期経営計画」の二つの方針をパソコン上に書くとともに、その前提となる会社の「企業理念」である「文化的生活を日本の隅々に広げる」という言葉も記した。

「それに、もともとの『営業企画課』が担っている業務についてもその目的を改めて整理しなければな…。うーん、こんな感じかな?」

しばらく熟考してあれこれと手を入れながら最終的に二つの文章をパソコンに書き入れた。

① 第一営業部の各営業課・営業担当者がより高い業績を上げることができるよう、有効で価値のある資料・情報を提供する
② 新たな企画を提案・展開していくことで「さまざまな種類の良い商品を提供していく」

の実現に貢献する

「こうなると、それぞれの業務の目的が明確になって『任務』としてくってみることができそうだな。『各営業課・営業担当者の業績を上げることの情報提供』を使命として考えると、今期は、『売上・粗利額』だけでなくて『取引顧客数』も『業績』と位置付けられているから、提供すべき情報は今までよりも多くなるな。それから、二つ目の使命となると難しいけど、こう考えると異なる『営業支援』じゃなくて、『元川商会』のことをよく知ってもらうための『広告・宣伝』的なツールや施策の企画といったことにも取り組んでいく必要があるな」

桜田は、組織の使命を位置付けたことで、まずは四つの任務を「組織目標シート」に記入することができた。

「…、あとは、『ナベさんのお店』か？　どんなお店なのかな？　営業企画課で売上目標を持つことになるのかなあ？」

桜田は、部課長会でのやり取りを思い出しながら、少し不安を覚えていた（図表3）。

営業企画課	
主要任務	想定される具体的業務
各営業課・営業担当者が有効に活用できる「業績進捗データ」のタイムリーな提供	・売上額・粗利額の営業担当者別・課別の週次・月次データ集計表の作成 ・集計表を担当者にフィードバック、必要な確認・修正、質疑応答
より多くの新規顧客を開拓していくために、営業先情報の収集・管理と情報提供の推進	・新規営業先リストの作成、営業担当への提供 ・新規営業先の信用調査の実施
顧客に対する「元川」の広告・宣伝のためのツール・施策の企画・推進	・「商品展示会」の企画、当日の進行管理、実施後のフォロー ・商品パンフレットの作成・在庫管理 ・その他、宣伝ツールの企画
さまざまな商品を提供できるよう、営業担当の「商品知識」「顧客対応力」のレベルアップ	・営業担当者の商品知識の把握 ・商品勉強会の企画・進行 ・その他、研修会・勉強会の企画・進行
「モトカ・ステーション」の適正な運営管理	(渡辺さんから情報収集)

✤図表3　営業企画課の基本使命・主要任務と具体的業務の整理

元川商会の企業理念	第一営業部		
	中期経営計画 方針	重点戦略	使命
文化的生活を日本の隅々に広げる	中規模取引（年間200万～500万円）の顧客を日本全国に広げる	取引顧客数を倍増する	第一営業部の各営業課・営業担当者がより高い業績を上げることができるよう、有効で価値のある資料・情報を提供する
	『元川』がさまざまな種類の良い商品を提供する企業であるということを顧客に浸透させる	（今後設定）	新たな企画を提案・展開していくことで、「さまざまな種類の良い商品を提供していく」の実現に貢献する
			その他

解説

▼組織の仕事を「業務の集合体」ではなく、「意味・目的」で構造化する

ドラマは、桜田が異動前の三月に第一営業部の部課長会に参加して部の状況を把握する場面から始まっています。そして、そこで図らずも、部の来期の方針・戦略について営業各課の課長が十分に理解・共感しきれていないことを知ることになりました。

会議の場では「営業企画課」に期待される業務として「『売上額・粗利額』の進捗データの取りまとめとフィードバック」「営業中および取引がスタートした顧客名・顧客数の情報の取りまとめと定期的なフィードバック」といった具体的な業務内容が出ていました。「組織」の仕事はこれらの「具体的な業務の集合体である」と定義することもできそうです。

ところが、第一営業部の新しい方針の一つである「さまざまな種類の良い商品を提供する企業であるということを顧客に浸透させる」については、具体的な業務の話にはならず、結局「桜田課長にいろいろと考えてもらおうじゃありませんか」となりました。つまり、「営業企画課の仕

事としては位置付けるけれど、具体的な業務内容は決まっていない」ということです。実はこのようなことは結構多いものです。全体の方針・戦略に変化がなければ仕事のやり方は変わらずに組織内の「業務」は一定化していますから「組織の仕事は業務の集合体」といってもいいのですが、新しいことに取り組む時にはそうはいきません。そこで、まずは「意味・目的」で仕事をくくって、そこから具体的な業務に展開するという構造でとらえる必要が出てくるのです。

本書では、このくくりを「任務」と称しています。ドラマにおける「組織目標シート」でも、この「任務」の欄が左端にあり、ここに記入することからスタートするようになっています。桜田も「任務」を整理することを始めていましたが、当初は「任務」と「具体的業務」の区分がつかず、考え込む場面が見られました。そして、「意味・目的」というくくりで「任務」を整理すること、そして、自信を持って「意味・目的」を表現していくうえで営業企画課の「使命」を位置付けることを試み、見事に「仕事の構造化」に成功することができていました。

▼リーダー自身が高い視点を持って「組織の使命」を位置付ける

「組織の使命」は、「『誰に対してどんな貢献をするのか』を言葉として整理する」とドラマでは紹介されています。桜田が整理した「使命」は二つで、一つは、その貢献対象を「各営業課・営業担当者」と置き、もう一つでは、「第一営業部の方針（および元川商会全体）」を貢献対象に置いています。そしてこのことによって、これまでは単に「営業課・営業担当者のサポート役」だった営業企画課が、「第一営業部全体の方針の企画・展開を主導する立場」になりました。

実は、この時、貢献対象を両方とも「各営業課・営業担当者」として表現することもできたかもしれません。その意味では、「組織の使命」は、組織のリーダー自身が自分の考え方で自由に位置付けることができるものです。そして、そうなるといろいろなレベルの「使命」が存在することになります。つまり、組織リーダーが高い視点で「使命」を位置付けることができれば、よりレベルの高い仕事をすることができるということです。是非、このことをご理解いただき、目指していただければと思います。

「レンガ積みの仕事」という有名な逸話があります。街で同じ「レンガを積む作業」をしている三人の男に対して「なんの仕事をしているの？」と尋ねたところ、一人は「見りゃわかるだろ、レンガを積んでいるのさ」と答え、もう一人は「塀を作っているのさ」と答え、そしてもう一人は「いい塀を作ることで、街作りに貢献しているのさ」と答えたという話です。仕事を「作業」としか認識していない一人目に対し、「塀を作る」という目的を認識している二人目の方が、いい仕事の基準がはっきりしていますから、仕事の仕上がりとしては「いい成果」が期待できることは明白でしょう。

問題は、二人目と三人目の違いです。おそらく「塀」としての仕上がりには差は出ないかもしれません。しかし、仮に指示された塀の設計に間違いがあり、街の景観や機能を損なうものであったとしたらどうでしょう。三人目の男ならば、その設計の間違いに気が付いたところで作業の中止や設計の修正を発注者に働きかけることができます。それに対して、二人目の男は「すぐに取り壊さなければならない塀を完成させて、それで満足」という結果になるわけです。

▼「使命」に照らせば、担うべき「任務」が見えてくる

「組織の使命」を位置付けることで、それぞれの「任務」の「意味・目的」を適正に表現できるというメリットを述べましたが、もう一つ、「これまで組織として担っていなかったが、本来であれば担うべき『任務』が見えてくる」というメリットがあります。

ドラマでも「新たな企画を提案・展開することで『さまざまな種類の良い商品を提供していく』の実現に貢献する」ということで「『元川』の広告・宣伝のためのツール・施策の企画・推進」と「さまざまな商品を提供できるよう、営業担当の『商品知識』『顧客対応力』のレベルアップ」というこれまでにない「任務」を設定することができていました。もちろん「新しい任務」ですから「いい成果」がすぐに出るとは限りませんが、「任務」として位置付けているかい

ないかには大きな違いがあります。

また、組織として担う「任務」を組織の上位者や関係者に対して表明することにも大きな意味があります。ドラマでは、第一営業部の部課長会で、「桜田課長にいろいろと考えてもらおうじゃありませんか」と片付けられていたことを「任務」として表現し、改めて部課長に対して表明できれば、組織間の連携も明確になり、支援や協力も円滑に行われることが期待できそうです。

ところで、一つだけ、まだ桜田が思い悩んでいる案件がありました。そうです。「モトカ・ステーションの運営・管理」です。桜田としても仕事の「意味・目的」を整理して「任務」として整理するにはまだ情報不足のようですし、「ナベさんのお店」という寺山部長の表現にやや尻込みしているのかもしれません。今後の展開に注目していきたいと思います。

第2節

現状を分析し、適正な組織目標を設定する

ドラマ

「少しお話を聞かせていただきたいのですが」

「営業企画課」の組織目標を設定するうえで、現状を分析しようと、まず桜田が声を掛けたのが、営業三課長の山根である。実は、山根は桜田の同期。といっても中途入社で、新卒で入社した桜田よりも五歳年長である。当時の営業一課に同時に所属していたこともあり、社内でも特に親しい間柄である。

「おうおう、なんだか改まって、他人行儀じゃないか」

山根は、むしろ周囲の目を意識して親しげな話し方をしたとも取れる言い方をした。見れば、山根の周りにいる営業三課のメンバーは若手ばかりで、桜田にはあまりなじみがない。営業三課

は、首都圏を担当する一課・二課と違い、首都圏以外の地方を担当しており、札幌から福岡までの全国七拠点に駐在員を置き、本社では彼らをサポートする立場として、若手を中心とした体制をとっているのである。

「営業企画課の目標設定をするうえで、お話を聞きたいんで、十五分ほどお時間をいただきたいんです」

桜田は改めて山根に伝え、会議室に入った。

「実は、これまでの営業企画課の仕事内容に対する山根さんのご意見をうかがっておこうと思いましてね」

桜田は、改めて切り出した。「組織目標」を作成するにあたり、十分に現状分析をするつもりであった。

「営業企画課の仕事内容ねえ。まあ、よくやってくれているんじゃないの」

山根は意外なほどあっさりと答えた。

「毎週出してくれている売上データは正確だし、期日に遅れることはない。こっちから頼んだ資料は、まず間違いなく出してくれる。とにかく主任の佐々木さんは優秀だからね。大野さんも一生懸命やっていると思うよ」

「じゃあ、山根さんは特に不満はないということですか?」

桜田はしつこく聞いてみた。

「もちろん、いろいろやってもらいたいことはあるよ。でも、マンパワーが今まではなかったからね。それこそ『来期に期待』ってところじゃないの?」

「それじゃあ、その『来期に期待』ってやつをもう少し詳しく聞かせてくださいよ」

「とにかく、我々にとって来期は『新規顧客開発』。これに尽きるよ。何せ、今までの担当顧客だけだって、一杯一杯なんだから。とくに、うちの課の地方拠点の連中なんか、本当に毎日毎日フル回転でよくやっているよ。これを、営業担当の人数を増やさずに取引先を倍増させるわけで、今までとは全く違う方法論で臨まないとならないことだけははっきりしている。だから、新しい営業先にアプローチするまでの手間はできるだけ減らしたい。その意味では、『営業先リスト』の作成はなんとかしたいから、新営業企画課長には相談しようと思っていたんだ。今期の取引先が部全体で約五〇〇社で、その倍だからもう五〇〇社増やすわけだから、そうだなあ、新規営業先リストとしては、まずは、その倍、一〇〇〇社くらいは必要だよね」と、山根の話は明快だ。

「それから、営業担当者の『商品勉強会』。部課長会では「やるしかない」的なことを言ったけど。現状としては営業担当のほうで主導していくのにはやはり無理があると思う。これも、営業企画課で主導してもらえればありがたいかな。佐々木女史に頼めば、なんでもやってくれるとは思うけど。とにかく彼女はなんでも知っているから」

山根の話は、桜田にとって得るものが大きかった。

営業一課長の染谷、二課長の谷川からも、山根と同じように話を聞く機会を持った。といっても、二人ともデスクにいることが少なく、話ができたのは山根と話をした三日後になってしまった。また、結果として、二人の話からは山根から聞いたもの以上の収穫はあまり得られなかった。ただし、染谷からは、「山の上ビルの店舗」の運営管理を押し付けたことについて、重ねて詫びを言われ、「これは、あまり気にしなくてもいいと思うけれど」と、これまでの売上・経費の実績表と、ナベさんこと渡辺マネジャーの作成した「来期の予算表」を手渡された。また、谷川からは、異動する竹内が、いかに扱いにくい新人だったかについてしつこく聞かされてしまった。

「課長としてはどうしたいんですか！」

営業企画課の主任である佐々木ゆかりとの打ち合わせの中で、佐々木の方から不満の声が出た。山根との話から、佐々木と話をすることの重要さに気が付いた桜田は、三人の課長からの情報収集を終え、佐々木に連絡を入れて打ち合わせをすることにした。佐々木は、桜田よりも五期ほど後輩で、新人で営業部に配属されてきた時にはまだ桜田も営業部におり、総務部に移ってからもいろいろと接点を持っている。山根に言われるまでもなく、彼女の優秀さは理解している。営業担当としても業績が高く、なぜ営業企画課に異動になったかは知らないが、四年前から今の仕事を担当している。確か異動する前にはすでに「指導職初級」で「主任」の肩書になっており、今では「指導職上級」に昇格しているが、社内ではあまり「主任」という呼称は使われず、「佐々木女史」と敬意を込めて呼ばれることも多い。そんな意識もあって、桜田としては佐々木の考えを聞こうと、次から次へと質問してしまったことに対して、佐々木が業を煮やして不満を口にしたのだ。

「そもそも、営業企画課が大きくなるなんて、私も先週初めて聞いたところなんですよ。そこに来て、『新規営業先リストをどうする』『営業先情報をどうする』『営業担当の勉強会をどうする』と立て続けに言われても、答えられるわけがないじゃないですか。もちろん、今回の寺山部長の打ち出した方針については、理解できます。でも、営業企画課の課長は桜田さんなんですから、桜田さんの課長としてのお考えをまず聞かせてくださいよ」

佐々木の突き放すような言い方に、やや文句も言いたいところだったが、確かに言われたことには一理ある。桜田も、自身の身勝手さを大いに反省してしまった。そこで、桜田は、一度自分で整理してから出直すことにし、改めて佐々木に時間を取ってもらうことを約束した。

総務部のデスクに戻り、改めて「組織目標シート」の「組織の任務」を確認して、部長からの要望や各課長からの期待等を整理してみると、桜田自身が目指したい方向が見えてくることがわかってきた。そこまで考えると、「組織の任務」として整理した内容も「単なる業務」ではなく、「仕事の方向性」として表現することができ、そこから「今期末までに目指したいレベルを目標とする」という筋道は見えてきた。だが、今の実情を考えると、どうしても「分析と企画立案」に時間が掛かるものばかりとなることも見当が付いた（図表４）。

「上期は『企画立案』に時間を掛けるとなると、現状としてはなかなか『年度末目標』を具体的にイメージすることはできないな。まあ、上期の状況を踏まえて改めて『目標設定』を行うということでも仕方がないところだろう。いずれにしても、まずは、佐々木さんからの情報が大いに必要になってくるな」と、桜田は、佐々木と話をすることが待ち遠しい気持ちになってきた。

二日後、桜田は、今度は「組織目標シート」の内容のおおよそを作成し、そのシートを持って、佐々木との打ち合わせに臨んだ。また、予想外にもその打ち合わせの場に、佐々木は同僚の大野を「さも当然」とばかりに同席させていた。大野とは初対面ということはないが、今までほとんど話をしたことがない。また、今は育児休業を経て、一年前から「遅くとも午後五時退社」ということで通常の所定勤務時間より一時間短い「時短勤務」で復帰している状況である。

打ち合わせでは、まずシートの内容を桜田が説明した。佐々木は、「シート」を使った桜田の説明を一とおり聞き、特に、「営業課・営業担当にとって有効に活用できる業績進捗データのタイムリーな提供」についての現状の仕事の進め方について、桜田に詳細に説明をした。大野は、自ら積極的に話すことはなく、時折、「業務部」との関わり方について佐々木から問いかけられて、うなずいたり、短く答える程度で、終始おとなしかった。

作成：20XX. 3. 27　所属：営業企画課　氏名：桜田　久

年度末目標	主要戦術・下位課題
週次・月次の「売上・粗利データ」を営業担当別・顧客別に正確・タイムリーに作成・報告 「売上・粗利データ」「顧客数データ」を全営業担当者が理解し、有効に活用	・「売上・粗利」データと同様、「顧客名」を「業務部」から得られるようにする ・「顧客別実績表」を営業企画室で管理し、「新規顧客」の状況を把握する ・「顧客数データ」のフィードバックシートの様式を営業課長に提案し、すり合わせて決定する
9月末までに提供した「営業先リスト」の有効性・活用度を分析し、新たな課題を形成	・「過去の取引先リスト」の収集・取引再開の可能性を確認 ・その他、新期営業先リストの収集 ・「営業先リスト」の各課への分配ルールを構築 ・各営業担当からの要請に応え、営業先の信用情報をできるだけスピーディーに調査
9月末までに企画した「施策／広告・宣伝手法」の推進、効果の確認	・前年の各種施策についての意見・感想を各課長・営業担当から取材 ・現状の各種ツールならびに広告・宣伝についての意見・感想を各課長・営業担当から取材 ・課内企画会議を実施（毎週）
「営業担当・顧客別の取扱商品分析」に基づく施策の立案→展開 「商品勉強会」の実施、効果の確認	・「業務部」より情報収集→データ分析→問題点の抽出→学習ニーズを形成する ・各営業担当のニーズに応える勉強会を企画 ・参加率の高くなるスケジュールを設定 ・部長・営業課長の理解を得る
（売上目標：1,000万円） （利益目標：50万円） （その他、今後設定）	・まずは、渡辺マネジャーから情報収集

✤図表4　組織目標シート

期間：20XX年4月～20XY年3月

主要任務	現状分析	上期末目標
各営業課・営業担当者が有効に活用できる「業績進捗データ」のタイムリーな提供	「売上・粗利」については、週ごとにデータを提供し、営業課長の要望には応えることができている うまく活用しきれていない営業担当者もいる 顧客数データの収集・管理・フィードバック方法は構築されていない	週次・月次の「売上・粗利データ」を営業担当別・顧客別に正確・タイムリーに作成・報告 6月末までに顧客数データの取りまとめ方法を確立し、報告書作成→フィードバックスタート
より多くの新規顧客を開拓していくために、営業先情報の収集・管理と情報提供の推進	休眠顧客リストが各課で管理されていない 新たな営業先については信用調査が必要 営業先情報の収集についての営業各課における手間を最大限に削減したい	「営業先情報」の提供内容・方法を確立（7月まで） 9月末までに1,000社分の営業先リストを提供
顧客に対する「元川」の広告・宣伝のためのツール・施策の企画・推進	前期は10月に顧客を集めた「商品展示会」を開催（60社が参加） 「会社案内」「商品パンフ」はあるが、メンテナンスができておらず、広告・宣伝にはなっていない ホームページは顧客向けには作られていない	各種施策年間企画・スケジュールを作成（6月末まで）→企画に従って実行 広告・宣伝手法を企画・提案（9月末まで）
さまざまな商品を提供できるよう、営業担当の「商品知識」「顧客対応力」のレベルアップ	営業担当主導では、「勉強会」の開催が難しい 各課・各営業担当の取扱商品・得意商品に差がある印象である 「最新商品情報」がタイムリーに更新されていない	営業担当・顧客別の取り扱い商品分析を実施（7月まで） 「商品勉強会」を8月以降毎月実施
「モトカ・ステーション」の適正な運営管理	「モトカ・ステーション」の位置付け・ビジョンについて、渡辺マネジャーとのすり合わせが必要 渡辺マネジャーの作成した「来期の予算書」によると、年間売上額：920万円が損益分岐点	

「これが、『新生営業企画課』の『使命』なんですね」

そんなやり取りが進む中、佐々木が「シート」に書かれた「営業力強化ならびに顧客に対する『元川』の広告・宣伝のためのツール・施策の企画・推進」という「任務」の意味について質問してきたので、桜田が別紙に記載した「営業企画課の二つの基本使命」を改めて提示すると、佐々木は思いがけないほど大きな声を出した。

「なるほど、課長としては、『営業企画課』の仕事の使命をこのように位置付けているんですか？だとすると、現状からいえば、『顧客に元川の商品力を宣伝していくこと』に貢献することは、重要な任務ですね。それに、これ以外の任務の意味・目的についてもよくわかります」

きっぱりとした佐々木の言葉を聞いて、桜田は思わず佐々木の顔を覗き込んだ。佐々木は少し顔を紅潮させているように見えた。そのまま視点を大野の顔に移すと、大野は、対照的に特に表情は変えることなく、黙って「組織目標シート」に目を落としていた。

「ここまで明快に使命を示していただけると、異論はありません。あとは、業務量としてどこまでできるかが勝負です。とにかくこの一年、営業課長の皆さんから『あれもほしい』『これもお願い』と、私も大野さんも振り回されてきましたから。人によっては、『営業企画課はなんでも屋だ』って思っているかのようで、本当にストレスが溜まっていました。だいたい、営業担当のほうも『なんでこのデータが必要なのか』がわかっていない人も多くて…」

「そうそう、そこなんだよ。だから、来期は、一年間でどこまでこれらの『任務』を果たしていくことができるか、現状を理解して、いい『目標』を設定していきたいんだ」

放っておくと佐々木の話がどこまでも続くとも思える気配さえ感じ、桜田は話を戻した。そして、「任務」を一つひとつ進めていくうえでの状況について佐々木と大野の二人から情報収集を行った。


「ところで、さっきから気になっていたのですが、『モトカ・ステーションの運営管理』がありますが、つまり、渡辺さんのお店の担当が、『営業一課』から『営業企画課』に移るということなんですか？」と、打ち合わせの最後になって、初めて大野のほうから聞いてきた。

「そうなんだ。これは、まだ部内でもオープンになっていないことなんだけど。でも、実は、私もよく内容が理解できていないんだ。それこそ、今のところ『なんでも屋に押し付けた』ということなのかもしれないな。とにかく、ナベさんの作成した『来期の予算表』を見る限りで言うと、それほど儲からないにしても赤字ではないようだから。とにかく『お任せする』というところかな。いずれにしても、早いところで、渡辺さんからも話を聞いて、『営業企画課の任務』としてきちんと位置付けていきたいと思う」

「そうでしたか…」

大野は何か言いたそうでもあったが、その場はそれで終了した。

「どうだい？　いい組織目標は設定できそうかい？」

佐々木・大野との打ち合わせのあと桜田は、「組織目標シート」の書けるところを記入し、さっそく「第一営業部」の寺山部長に連絡を入れて、すり合わせ面談のアポイントを取った。寺山は、「待ってました」とばかり、すぐに時間を設定し、桜田が来るなりミーティングルームに招き入れて声を掛けた。

「どうでしょうか？　いずれにしても私なりには、いろいろ考えてみました。まずは、『新生営業企画課』の掲げる使命なんですが…」

桜田は、「組織目標シート」と同時に、「営業企画課の基本使命」を記載したシートも寺山の前に出し、こちらから紹介をしたうえで、「組織目標シート」の内容を一つひとつ説明した。寺山は、時折質問をはさんではきたが、最後まで桜田が話したい内容を聞いていた。

「うーん。さすがに桜田課長。なかなか意欲的に考えてくれたね」

一とおり説明が終わったところで、寺山は感想を漏らした。

「特に、『営業先リストの提供　一〇〇〇社』というのは頼もしいね。それから、『商品勉強会』を営業企画室で主導してもらえるのも嬉しいな。でも、どうかな、うまくやれるかな」

「実は、私としてもやや心配ではありますが、とにかく、まずは『データ分析』の内容にかかってくると思います。どんな結果が出るか、楽しみでもあり、怖い気もします。ここらへんは佐々木さんの力に期待したいと考えています」

「そうだね。佐々木さんは『第一営業部』にも長いし、どんどん佐々木さんにやらせていいんじゃないか。会社としても数少ない女性幹部職への昇格をいずれは期待しているんだろうしね」

確かに佐々木は、営業担当として活躍していた頃も、「営業企画課」に配属になってからもバタバタといつも忙しく走り回っていた印象だ。また、年齢からいっても幹部職昇進もそんなに遠い話ではないかもしれない。

「大野さんは、どんな感じなんですか?」

桜田は、大野についての評価も「営業企画課」の課長を兼務している立場である寺山に聞いてみた。

「『どんな?』って、ほら知っていると思うけど、彼女は『時短勤務』だろ? 産休に入る前までは『業務部』にいたんだけど、復帰するって佐々木さんが聞きつけて『絶対うちに入れてくれ』って言ってきたんだよ。『猫の手も借りたい』なんて言うと怒られちゃうけれど、とにかく納品や仕入れ業務についてはよくわかっているし、数値に強く事務作業も得意だから、佐々木さんとしても『右腕』として助かっているんじゃないかな。まあ、時間的なことがあって多くのことは期待できないかもしれないけれど、これまでどおりきちんとやってもらえるんじゃないのかな」と、寺山は大野の仕事ぶりについては、あまりよく見えていない様子であった。

「そうそう。それから、ナベさんは昨日やっとつかまったんで、私のほうから『営業企画課』に移管することを伝えておいたから。新しく課長に桜田君が来ることを伝えたら、ナベさんもなんだかえらく喜んでいたよ。とにかくあとの詳しい話は直接ナベさんから聞いてよ」

結局、「モトカ・ステーション」の件については、この日も詳しく聞くことができないまま、すり合わせ面談は終了した。新しい期のスタートまで、もはや一週間もないところまできていた。

解説

▼高いレベルで「任務」を果たすことを目指して「目標」を設定する

ドラマで、桜田は「営業企画課」の「組織目標シート」を作成し、それを佐々木や大野に伝えておおむね好感触を得ることができていました。「組織目標シート」は、組織の「任務」ごとに、「現状分析」を行い、それに基づいて「目標設定」をする流れになっています。「モトカワ・マネジメントシステム」の「組織目標」は、一年間の「年度末目標」を設定するとともに「上期末目標」を設定します。一年間という比較的長期のスパンでは、先が見とおせないこともあり、まずはマイルストーンとして半期ごとに区切った目標を立てることも有効です。「目標」を設定したら、その目標達成に向けた「戦術」や「下位課題」といった具体的な業務を考えていくステップに入りますので、ドラマの「組織目標シート」でも桜田はその内容を簡単に記述しています。

「目標」は「期限までに目指す成果の状態」ですから、「△△を××のレベルにする」という「目標項目」と「達成レベル」の組み合わせによって表現することが原則にはなりますが、ドラ

✜図表5　「組織目標」の設定の展開

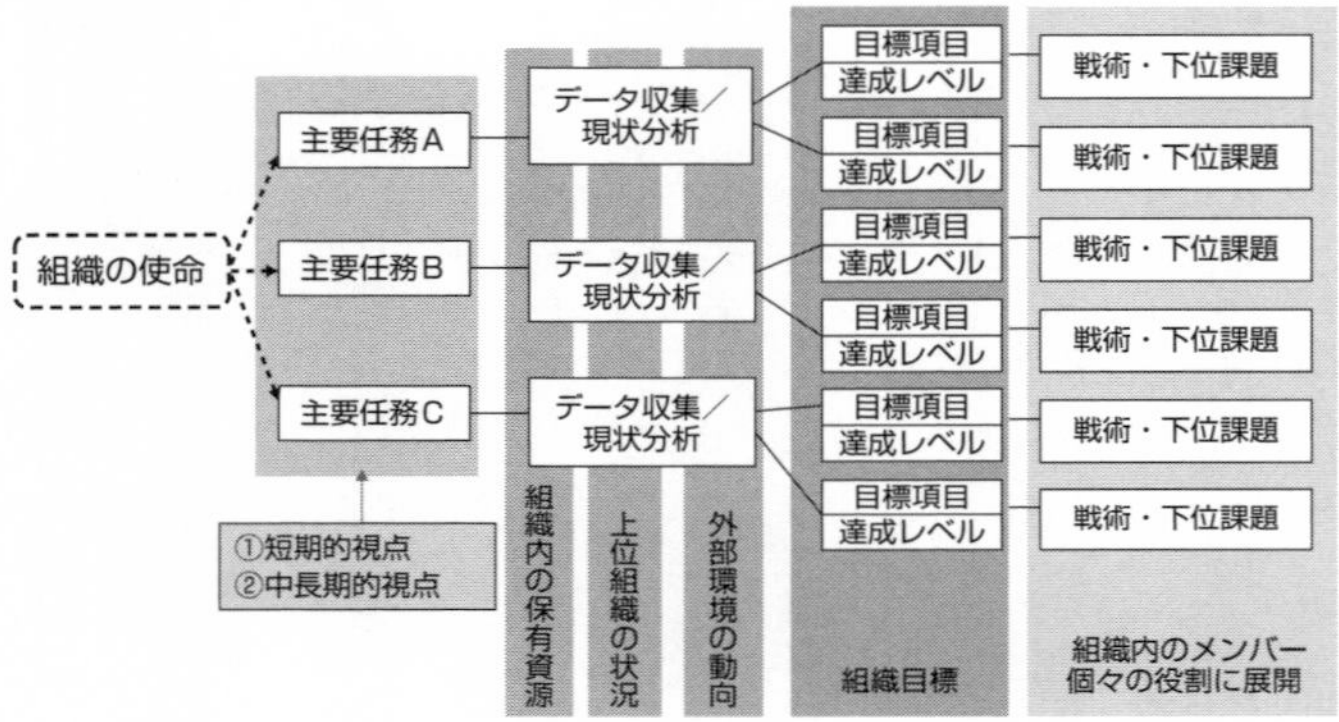

マで作成したように、目標達成に向けて「どの段階までいっているか」という「進展プロセス」を「目標」とするような場合も出てきます。そこで、ここでの重要なポイントは、「任務」と「目標」の整合性が的確にとれていなければならないということです。つまり、「『任務』に照らしてふさわしい『目標』になっているか」です。

　組織に求められているのは、あくまでも担っている「任務」を果たしていくことです。高いレベルで「任務」を果たすことができれば、「いい成果が出ている」ということですし、そのレベルが低ければ、「成果が出ていない」ということです。その意味では、少しでも高いレベルで「任務」を果たしていくことを目指して「目標」を設定するということが求められるのです。

▼多方面から情報を収集し、「任務」ごとの現状を把握する

桜田は、「組織目標」の設定にあたって、まず営業三課の課長の山根に直接会って「営業企画課」の現状についての考えや今後への期待・要望を聞いていました。また、同様に他の課長たちからも話を聞く機会を設けています。「目標設定」の第一ステップは、組織内にある各種のデータや上位者・関係者からの期待・要望といった情報を的確に収集し、「任務」についての現状を把握するところから始まります。

「目標管理」は、「目標設定→進捗管理→振返り（次期の目標設定）」というサイクルを繰り返していくわけですから、本来であれば組織の任務一つひとつについて、「組織目標」の期末の達成状況の「振返り評価」を行うことそのものが、現状についてのデータ収集・分析プロセスになります。しかし、今回のドラマは「新生・営業企画課」で、寺山部長の話にあったように「今期は組織目標を設定していない」ということですから、新しい「任務」についてはもちろん、これまでに担っていた「任務」についても「目標達成状況」ではなく、上司である寺山部長や部内の他の課長の意見・期待・要望を聞くことで状況を把握する必要があったわけです。

併せて、桜田は佐々木・大野といった従来から「営業企画課」に所属するメンバーからも話を

聞いていますが、これも現状を把握・分析していくうえでの重要な切り口の一つです。とくに、今回のように組織リーダー自身が異動してきたような場合は、改めて現状の業務の進め方やシステムを理解し、同時にその問題点を把握することは、欠くことのできないステップでしょう。また、メンバーの意見や考えを把握することも必要ですし、仕事に対する志向や今後期待できる力量発揮レベルを想定していく意味もあります。組織内のメンバー個々が業務を推進することで「組織目標」は達成されるのですから、「○○さんには、××の役割を担ってもらえそうだ」と考えていくことは、「組織目標」のレベルを設定するうえでもとても重要な要素になります。

また、「組織目標」を設定していくうえでは、以上のような「上位組織や関連組織の状況」「組織内の保有資源の状況」と、もう一つ、「社外環境の動向」も必要な情報収集の切り口です。組織の「任務」の性質によっても大きく異なりますが、「市場や顧客」「行政や地域社会」「業界や競合会社」といった社外環境の動向についてのセンサーを高く持って、情報収集することが求められます（図表6）。

▼「組織内の保有資源」を限定せず、「獲得・開発計画」を織り込む

前項で紹介したように、「目標設定」をするうえでは、現状の「組織の保有資源」を把握する

✤ 図表6　現状把握・分析に必要な情報収集の切り口

情報収集の切り口	内容例
①組織内の保有資源についての情報	前期の実績、組織内の人材のマンパワー（要員数、スキル、モチベーション）、設備・機器の状況、業務ノウハウ・スキル、既存の業務プロセス・ルール、等の組織内に保有される各種資源、等
②上位組織やその他関連組織についての情報	今期の全社・上位組織の方針や戦術から当該組織に展開される事象、上位者や関連組織の担当者の期待・要望、関連組織の状況から直接・間接的に受ける影響、等
③外部環境についての情報	市場や顧客の現状や将来動向、行政・地域社会からの通達や要請、各種法令の内容や今後の施行予定、業界の慣習やルール、競合他社・同業者・取引会社の動向・思惑、等

ことは必要ではありますが、逆にそのキャパシティにとらわれてしまうことがないように留意しなければなりません。なぜならば「保有資源」は固定的なものではなく、その獲得・開発についても組織リーダーに付与された役割・権限だからです。

具体的に考えてみましょう。今、新しい製品を作ることが求められ、その製品を作る新しい機械や技術が必要なのであれば、その機械を購入したり、技術を習得したりすることになります。つまり、組織内の「保有資源」は既存のものだけではなく、新たに獲得することもできますし、必要ならば、組織内の業務プロセスを見直していくこともできるのです。リーダーの職務権限を越えるようなものであれば、上位の権限者に動いてもらう道もあります。もし、組織内にあと数名のメンバー（人的資源）が必要であると考えるのであれば、そのことを上位者に掛け合い、社内異動や新規採用を実現することもできるわけです。現に、寺山部長は、そう考えて「第一営業部」に桜田を異動させて「組織の保有資源の獲得」を行い、「第一営業部の組織目標の達成」を実現しようとしています。

その意味では、「組織内の資源の獲得・開発計画」も織り込んだ「組織目標」の設定ができるわけで、そうなると「目標設定」の視点は、「どこまで『任務』を果たしていきたいのか」というリーダー自身の目指したい方向に照らしてふさわしいレベルとすることを優先することになります。そして、その「目指したい方向」は、「上位者や関係者の期待・要望」や「社外環境の動向」といった情報を把握・分析することで形成され、そのための「資源の獲得・開発計画を立案する」という順番で整理することができます。

とりあえず、「営業企画課」は、桜田自身も含めて五名体制でスタートします。そして、彼らの「人的資源」としての現状については、桜田としてもまだまだ把握しきれていないところです。まずは、「組織目標」を高く掲げ、同時に「保有資源の獲得・開発計画」を作りながら組織マネジメントを進めていくことになるのかと思います。

第2章

メンバーの役割設計

第1節

メンバーの状況を理解し、合理的な役割分担を設計する

ドラマ

「なかなか堂に入った接客だなあ」

桜田は、渡辺が来店者に接客している姿をやや遠くから見ていて、思わずつぶやいてしまった。寺山部長とのすり合わせ面談の翌日の午後、桜田が「山の上ビル」の「モトカ・ステーション」の店頭に来たところ、渡辺は、ちょうど来店者である初老の婦人に対して接客中であった。渡辺は相手の話を丁寧に聞き、要望に応じた筆記具をいくつか選び、一つひとつ特徴を説明している。婦人がそのうちの一つを選ぶタイミングを見てレジに案内し、あとはレジの店員に仕事を託して渡辺は桜田のほうに向かってきた。店舗は、約三〇㎡と聞いていたが、思ったよりも広く感じた。「文房具屋」といっても小中学生向けというよりも、高級な筆記具やペンケース、手帳

やルーペといった「元川商会」が扱っているものを中心とした大人向けの品揃えである。

「いやー、桜田君、やっぱり来たね」と、渡辺の声は明るい。いかにも桜田が来ることを予想していたかのようだった。レジの店員に合図を送ったあと二人は店の外に出て、渡辺に促されるままに少し歩いてビル内にある喫茶店に入った。

「渡辺さん、接客もうまいものですね。びっくりしましたよ」

桜田は率直な感想を告げた。

「そりゃね、伊達に三〇年以上も文房具を売っていたわけじゃないからね。でもね、やっぱりレジ打ちと包装については慣れないなあ。いやね、『包装』が大切だってことはよくわかったよ。いまさら言うのもなんなんだけど、うちで扱っている商品は、とにかく『ギフト』が多いんだよね。だから、いくら中身に自信があっても、きれいに包まれていて初めて価値が出る。でもね、いくら教えてもらっても、もともとのデパートの販売員さんの技術には追いつかない」

「もともとの販売員さんと言われますと？」

そういえば、桜田は他の販売員のことは全く聞かされていなかった。

「あれ、染谷君から聞いていないの？　『モトカ・ステーション』では全部で四人の販売員さんを派遣してもらっているんだよ。と言っても、さっきいた山崎さん以外はお隣の時計屋さんと半分半分なんだけどね。『山の上デパート』が閉店になったときに会社が派遣会社を作ってかなりの数の社員をそこに登録してテナントに入ったお店に派遣する形にしたんだよ。だから四人とももともとは『山の上デパート』の社員さん。特に山崎さんは、文房具売り場に長くいた人だから『絶対うちに来てほしい』って頼んだんだ。本当にいろいろと教えてもらっているんだよ」

「そうでしたか。そこらへんは、本当にまだ勉強不足で…。そもそも渡辺さんがどうしてお店を出すことにしたのかについても誰も詳しく教えてくれないんですよ。『定年後の居場所』じゃないかって言っている人もいますけど？」

「『定年後の居場所』？　そんなところもあるかもしれないけど。まあ、いずれにしても、たまたまっていうか、実は自分でも何か計画があって始めたわけではないんだよ。なんというか『営業マンの勘』ってやつかな。とにかく、一昨年『山の上』の部長から話を持ちかけられた時に、『これだ！』って思ったんだ。『会社にとっても悪い話じゃないんじゃないか』って。ここまでお店をスタートするのに一杯一杯だったから、まだなかなか見えては来ていないんだけど、でも『勘としては悪くなかったかな』という感じはしてきているから、桜田課長としても、じっくり見ててよ。いずれにしても『自分の定年後の居場所』としてだけでやっているわけじゃあないからさ」

桜田は、渡辺の口から『会社にとっても』という言葉が出てきたことが意外で、これまで部長や染谷課長から聞いていた話とは少し違う様子であることを感じた。

「でも、さすがですね。開店三ヵ月目で黒字転換じゃあないですか？　ナベさんはお店経営の才能があるんですね？」

「だから商社の人間はだめなんだよ。いつも粗利ばかり見てるから。あの数字、確かに店舗の家賃や店員の派遣料は入っているけれど、店舗開発費の償却分は入れていないんだよ。それに、私自身の人件費も入っていない。だんだんと数字の見方は教えるけれど、黒字経営なんてほど遠い話さ。まあ、『第一営業部には迷惑を掛けない』っていう約束はかろうじて守っているといったところだけれどね」

渡辺の話は桜田にはすぐには呑み込めないものだった。

最後に話を変え、桜田は、渡辺に対して「営業企画課」の「組織目標」についてシートを使って説明した。渡辺は桜田の話にうんうんとうなずきながら強い関心を持って聞いていた。

「そうだな、さっきも言ったように、あまり『売上だ！　粗利だ！』って言ってもらいたくないんだけどな。まあ、改めてまた話をしようよ」と、渡辺は桜田の話を聞いて何か思いついたように話した。また、毎週行う予定の「課会」にはできるだけ出席することを約束して、「それじゃあ、お店に戻らないといけないから」といって足早に喫茶店をあとにした。

「営業マン失格、っていうことでしょう?」

「営業二課」から「営業企画課」に異動になる入社二年目の竹内と桜田が個別面談をした際に、竹内の口から出てきたのはそんな言葉だった。興奮しているわけでもなく、淡々と冷静な口調だった。桜田が「今回の異動のことを竹内君はどんなふうに感じているの?」と問うたことへの答である。実は面談を行っている会議室には先ほどまで営業二課長の谷川がおり、この一〇月から三月末の半年間についての「目標管理」の「振返り面談」を行っていたのである。「営業企画課」をスタートしていくうえでまずメンバー一人ひとりの状況を知ろうと、桜田が谷川に「是非に」と頼み、その場に同席させてもらったのだ。

谷川との振返り面談は、お世辞にも会話がかみ合っている状況といえるものではなかった。竹内から話をすることはなく、「目標管理シート」に沿って、課長の谷川が振返った内容を一方的に話し、竹内には考える間も与えないようなテンポで進めて、後はよろしくとばかりに面談をさっさと切り上げて退席してしまった。

二人きりになった開口一番で「営業マン失格」といった答が返ってきたので、桜田は質問の切り口を少し変えてみた。

「ううん、そうじゃなくて、竹内君にとって、この一年間を振返ったうえで、『異動がどんな機会になると思うか』ということを聞きたいんだよ」

「それはまあ、今までの営業担当の仕事はあまり向いていないと思いますので、ホッとしているところもあります」

「ほー。それじゃあ、竹内君はどんな仕事をやってみたいの？」

「どんな仕事って言われても、とくにありません」

「先輩たちの仕事を見て、面白そうだなって思ったものはあるかな？」

「いえ、とくには…」と、取りつく島がない。

「それじゃあ、この一年間でやった仕事を順番に一つひとつあげてみようか。まず四月に入社して、とりあえずは研修期間だと思うけど、どんな研修をやったかな？」

「一週間くらい座学で、ビジネスマナーや就業規則の内容、それから、会社全体の仕事の流れです…」

「竹内君にとって最も記憶に残っているのは何？」

桜田は、じっくりと時間をとり、入社してから一年間の竹内の経験を聞き、それら一つひとつについて、「印象深かったこと」「面白かったこと」「つらかったこと」等を聞いてみた。

この面談によって、竹内について「強い志望動機を持って会社に入ってきたわけではないこと」「仕事の理解度が早く、結構器用な面を持っていること」「入社後半年ほどは一生懸命に仕事に取り組もうと上司や先輩に質問をしてみたが、逆にうるさがられていると感じたこと」「営業担当の仕事は単調で誰でもできると思っていること」「ここ数ヵ月はかなり気持ちが落ち込んでおり、あまり仕事に身が入っていないこと」といったことがわかってきた。

最後まで竹内からは前向きで打ち解けたような印象は伝わってこなかったが、それでも、これだけの話をしてくれたことについては、一歩前進であると桜田は感じることができた。

桜田は、想定している「営業企画課」の「使命と主要任務」について簡単に話し、改めて竹内に期待する役割について説明することを約束して、面談を終えた。

「とにかく、五人の『役割分担』を考えてみよう」

新しく「営業企画課」に異動になった渡辺と竹内との面談のあと、桜田は、佐々木と大野とは特に個別面談を行わないまま、メンバーの役割の設計を試みることにした。二人については、とりあえず一回打ち合わせを行い、寺山からもある程度情報を得ることができていたからである。

組織内の役割設計は、「マネジメント研修」で紹介されたとおり、「役割マトリックス」というシートを活用して「組織の任務を遂行するうえでの合理性」という視点と「メンバー個々の力量とやりがい」という視点の二つから考えてみた。

「まずは、任務ごとの業務量や難易度を考えて担当者を決めないとな。その意味でいうと、竹内君はまだ二年目だし、モチベーションを考えるとあまり期待はできないかな。…うーん、大野さんについては、時間的な制約を考慮しなければならないし…。いずれにしても佐々木さんは『主任』として期待されるレベルが高いんだから、かなり頑張ってもらわなければならないな。それに寺山部長も『佐々木さんには幹部職への昇格を期待している』って言っていたからな」

桜田はぶつぶつと独りごとを言いながら「役割マトリックス」を作成していった。設計が終わったのは、三月末日、いよいよ新しい期がスタートし、「新生営業企画課」としての初めての課会が持たれる前日であった（図表7）。

作成：20XX. 4. 1　所属：営業企画課　氏名：桜田　久

職場の役割分担			
佐々木	大野	竹内	渡辺
「売上・粗利データ」の内容チェック＆部課長会における桜田のサポート 顧客数データの取りまとめ方法を大野とともに確立	データとりまとめ業務の主担当として、「売上・粗利データ報告書」を正確に作成 顧客数データの取りまとめについて佐々木をサポート		
桜田とともに「営業先情報」の提供内容・方法を確立 「営業先リスト提供」の計画を立案し、進捗を管理	「営業先情報の提供内容・方法の確立」「営業先リスト提供」について副担当として佐々木をサポート	桜田・佐々木の業務をサポート	
「各種施策年間企画・スケジュール」を部内の部課長とすり合わせて作成 桜田とともに広告・宣伝手法を企画	「各種施策年間企画」の副担当として佐々木をサポート	佐々木・大野の業務をサポート	
主担当者として、「営業担当・顧客別の取り扱い商品分析」を実施 「商品勉強会」を企画		桜田・佐々木の業務をサポート	
			主担当として、店舗運営計画を立案し、進捗管理を実施
		売上・仕入れの流れについてより深く理解する	

✜ 図表7　役割マトリックス

期間：20XX年4月～9月

主要任務	目標 (目標項目/達成レベル)	 桜田
各営業課・営業担当者が有効に活用できる「業績進捗データ」のタイムリーな提供	週次・月次の「売上・粗利データ」を営業担当別・顧客別に正確・タイムリーに作成・報告 6月末までに顧客数データのとりまとめ方法を確立し、報告書作成→フィードバックスタート	部課長会で「売上・粗利データ」を報告し、必要な調整を図る 「顧客数データの取りまとめ方法」について部課長会で提案・調整
より多くの新規顧客を開拓していくために、営業先情報の収集・管理と情報提供の推進	「営業先情報」の提供内容・方法を確立（7月まで） 9月末までに1,000社分の営業先リストを提供	「営業先情報の提供内容・方法」「営業先リストの提供」について部課長と調整して確立
顧客に対する「元川」の広告・宣伝のためのツール・施策の企画・推進	各種施策年間企画・スケジュールを作成（6月末まで）→企画に従って実行 広告・宣伝手法を企画・提案（9月末まで）	「各種施策年間企画・スケジュール」の作成を統括 広告・宣伝手法を企画し、部に提案
さまざまな商品を提供できるよう、営業担当の「商品知識」「顧客対応力」のレベルアップ	営業担当・顧客別の取扱商品分析を実施（7月まで） 「商品勉強会」を8月以降毎月実施	佐々木とともに「営業担当・顧客別の取り扱い商品分析」を実施 「商品勉強会」の企画を統括
「モトカ・ステーション」の適正な運営管理	(売上目標：○○円) (利益目標：○○円) (その他、今後設定)	主担当の渡辺からの報告を受け、必要なサポートを行う
その他		

解説

▼「役割マトリックス」を活用し、「誰に何を担当してもらうか」を設計する

設定した「組織目標」を達成させるためには、そのための実行計画をある程度具体的に作っておく必要がありますが、その内容としては、当然、「誰に何を担当してもらうか（役割分担）」と「何をいつどのようにしていくのか（手順化）」が重要な要素になります。

組織内のメンバーの役割分担は、以下のような二つの視点から構築することが必要です。

①成果を上げていくうえで、組織の任務を合理的に進めていくことができるフォーメーションを築けているか（合理的なフォーメーションの視点）

②メンバー個々の力量から見て十分に遂行可能で、かつ本人にとってやりがいを持てるものになっているか（メンバーの力量とやりがいの視点）

これら二つのうちのどちらかでも不十分であると、それは良い役割分担とはいえません。つまり、組織の任務を果たしていくうえで、やるべきことが抜けていたり、担当者が決まっていなければうまくいきませんし、担当者が決まっていても、メンバーが期待した役割を遂行するだけの力を持っていなかったり、力はあってもやる気が続かないようであれば、目標達成には至らないでしょう。

ドラマでは、「役割分担」を「役割マトリックス」というシートに整理していますが、「合理的なフォーメーション」「メンバーの力量とやりがい」という二つの視点から考えると、この「役割マトリックス」は非常に有効な手法です。縦軸に組織の「任務・目標」を並べ、横軸に組織内メンバーの名前を入れることで、「マトリックス」を横に眺めると、任務ごとのフォーメーションの合理性を確認することができ、かつ、縦に眺めるとメンバー個々の仕事全体の状況を把握して「力量」とのバランスや「やりがい」をチェックすることができるのです。

▼「チームワーク」の発揮による「生産性の追求」を意識する

「合理的なフォーメーション」を構築する視点としての重要な要素の一つに「チームワーク」がありますす。メンバー個々が頑張っていたとしても、メンバー間のチームワークがうまく機能しないようなフォーメーションであれば、組織としての成果はたかが知れたものにとどまってしまうのです。

「なぜ組織単位で仕事をするのか?」という質問の答に窮する組織リーダーは少ないと思います。もちろん「個々バラバラで仕事をするよりもチームワークを発揮したほうが『生産性が高い』から」です。それでは「どうして、チームワークで仕事をすると生産性が上がるのか?」といった問いはどうでしょうか。これは、意外と難しいかもしれません。

「組織におけるチームワーク」というと、まず代表的な例は「協力・支援」です。一人ではできない大きな仕事も複数のメンバーで「協力」したり、できないところを他者に「支援」してもらえば、うまくいくことはたくさんあります。また、担当者が一人だけですと、その人が休んでしまうと仕事は止まってしまいますが、チームの中の誰かに「代行」してもらえれば、仕事が止まることはありません。

その他にもメンバーが相互に関わり合っていくことで生産性が上がっていく場面はいろいろ見られます。組織内のベテランが新人を教育することも、メンバー間で相互にライバル心をもって競い合っていくことも、広い意味のチームワークといっていいでしょう(図表8)。組織リーダーにはこれらを十分に考慮して職場メンバー間のフォーメーションを作ることが求められます。チームワークを考慮した「合理的なフォーメーション」が実現できているかどうかの簡単な

✤図表8　組織内のチームワークの種類

種類	内容
協力・補佐	複数名が相互の協力関係によって仕事を進めていくことで、単独では困難な業務遂行を実現し、かつ、相互の仕事を補完し合うことで効率性を上げていく
支援・指導	担当者が単独での仕事の推進に支障をきたした場合に、他者が担当者に対して援助もしくは必要な指導を行うことで、打開していく
代行	なんらかの都合により担当者が欠けた場合に、他者が担当者に代わって業務を進めることによって、業務の停滞を防ぐ
視野・発想の広がり	独断に陥ることなく、多くの人間の視点・アイデアを活用することで、分析の切り口や具体的な施策の発想をより豊かなものにする
競争・切磋琢磨	他者の仕事レベルを自分と比較することで、具体的な目標が持て、より高いレベルを求めて仕事を進めていこうという動機が高まる
育成・人材開発	近接した関係で仕事を進めていくことを通じて、上位者から下位者へのスキル・知識・意識・姿勢等の伝承を行うことで、長期的な視点における職場の生産性の向上を図る

チェックポイントとして、以下のような点があげられます。

①一つの業務に対して、繁雑にならない範囲で、できるだけ複数の担当者を配し、「協力」や「相互補完」ができるようになっているか

②メンバー間で十分に情報を共有し、「支援」や「代行」を行っていくことができるか

③誰か特定の個人（管理者も含む）に負担が偏っていないか

図表9に、合理的なフォーメーションができていないことが、「役割マトリックス」上に明確になっている例とそのメリット・デメリットを挙げてみました。

✜図表9－1　一つの課題に対し、担当者が一人だけ（一匹狼型）

役割マトリックス

	リーダー	○○	×○	△×	○△
目標1		………			
目標2			………		
目標3				………	
目標4					………
その他	………				

ベテランメンバー揃いで、かつ、定型業務等を行っているような組織で良く見られる例。ベテランにとっては仕事がやりやすく、責任感や達成意欲も醸成されやすいが、以下のようなデメリットがある。

×個人の受けるプレッシャーがきつい
×自己流の仕事の仕方に陥る
×担当者が不在の時、誰も代行できない
×担当者を突然交替しなければならない際に、対応できない
×失敗や不備を早期に予測できず、大問題に発展する
×メンバー間に忙・閑の差が生じ、効率が悪い
×同僚との信頼感・親密さが醸成されない

✜図表9－2　担当者と組織リーダーだけで仕事を行う（鵜飼型）

役割マトリックス

	リーダー	○○	×○	△×	○△
目標1	……… →	………			
目標2	……… →		………		
目標3	……… →			………	
目標4	……… →				………
その他	………				

若手のリーダーに良く見られる例。リーダー自身にとって組織全体の仕事の進捗をつぶさに把握でき、効率的な調整を取ることが可能だが、以下のようなデメリットがある。

×リーダーの負担が大きい
×リーダーとの人間関係が業績に影響を与えがち
×同僚との信頼感・親密さが醸成されない
×リーダーのやり方を超えた仕事の仕方は生まれにくい
×メンバーがリーダーを頼り切ってしまい、育成が進まない

✤図表９－３　常に同じメンバーの組合せで仕事を担当している（腐れ縁型）

役割マトリックス

	リーダー	○○	×○	△×	○△
目標１		………	………		
目標２				………	………
目標３		………	………		
目標４				………	………
その他	………				

リーダーが自分自身の負担の軽減を図ろうとするときに見られる例。組織の成熟プロセスによっては、組織内のチーム相互に刺激しあうことで競争的に仕事を進めることができ、次のリーダーの育成を促進するという意味を持つが、以下のようなデメリットがある。

×決まったパターンに陥り、馴れ合い関係で仕事を進めがち
×チーム間競争の結果、組織全体の協力体制が薄れることも
×リーダー格以外のメンバーの状況が見えにくくなる

✤図表９－４　メンバー間の仕事の負担に偏りが見られる（アンバランス型）

役割マトリックス

	リーダー	○○	×○	△×	○△
目標１	………	………			
目標２		………			
目標３		………	………		
目標４	………				
その他	………	………		………	………

目先の成果の追求のみに目が奪われている例。確かに現状のメンバー個々の力量から考えれば「できる人」に仕事を集中させ、「できない人」には任せないことが最も合理的な役割分担なのかも知れないが、以下のようなデメリットがある。

×一部のメンバーに対する精神的・肉体的な負荷が相当きつくなる（余裕を持てない→より成長することができない）
×弱いメンバーの成長の機会を逸してしまう
×どっちにしても不公平感が出る
×生産性の高さはけっして長続きしない

▼メンバー個々の「人材開発・キャリア開発」を視野に入れる

「メンバーの力量ややりがいの視点」を意識して役割設計をするためには、まずは組織内のメンバー個々の人材としての力量や仕事に対する考え方・志向等を十分に理解していなければなりません。ドラマでも桜田は渡辺や竹内といった営業企画課に今回異動になったメンバーと面談する機会をつくり、ヒアリングをしていました。また、大野の勤務条件についてもしっかり考慮するとともに主任である佐々木の力量と主任としての期待レベルを反映して役割分担を作成していました。

「人材開発・キャリア開発」を促進する制度として、多くの企業が「等級制度」を導入していますが、その内容は、「役割等級制度」と「職能資格制度」のいずれかの場合がほとんどです。「役割等級制度」は、社員個々が担っている「役割」において果たすことができている「仕事プロセス」のレベルを等級基準として評価し、そのレベルアップを促進する制度です。これに対して「職能資格制度」は、「仕事プロセス」そのものではなく、その仕事プロセスを発揮するために必要な「知識・スキル」や「執務態度」といった「職務遂行能力」のレベルを等級基準として「人材開発」を促進する制度です（図表10）。

✤図表10　「人材開発・キャリア開発」を促進する「役割等級制度」と「職能資格制度」

	役割等級制度	職能資格制度
評価内容	担っている「役割」のレベル、および「役割」を果たすための「仕事プロセス」のレベルを評価（「○○を担う」「○○を行う」という切り口）	「役割」を果たすための「仕事プロセス」において必要とされる「能力」や「執務態度」の保有状況を評価（「○○することができる」という切り口）
特徴	・「役割のレベルアップ＝キャリア開発」ととらえることができるため、明快に昇格を動機づけていくことができる ・自分の役割に対する自覚が喚起され、成果の追求への責任感がより高まる ・職種・配属によって役割のレベルアップの環境に差があり、運・不運が生じがち	・間接的な評価のため、等級格付けと実際の仕事レベルにギャップが生じることがある ・評価基準があいまいで、評価の信頼性が低いものになりがち ・配属・異動や他者との関係の運・不運の影響を受けることなく、公正な処遇・計画的な育成を実現していくことができる

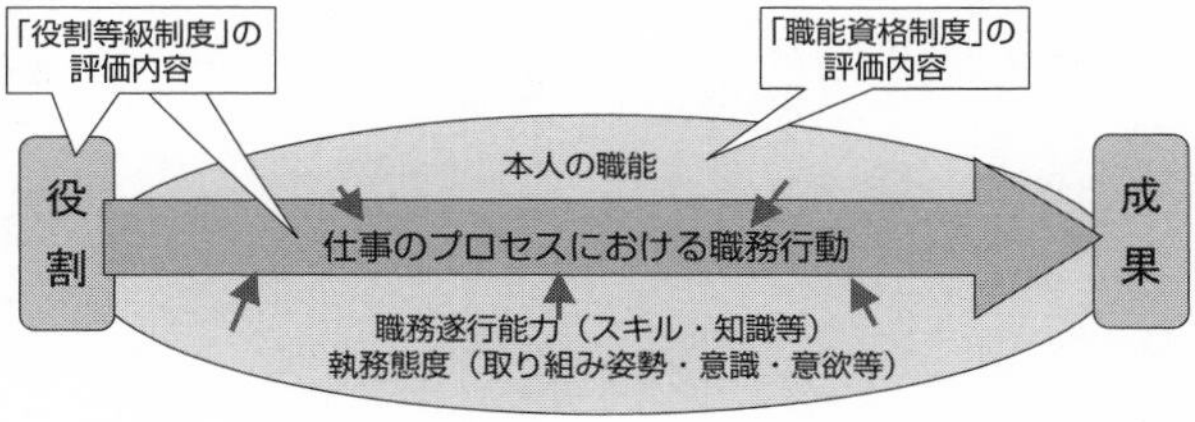

これらの制度は、それぞれにメリット・デメリットはありますが、いずれにしても会社として期待するのは「高いレベルで役割を果たすこと」ですから、意図するところに大きな違いがあるわけではありません。「この『役割』を担ってもらうことは、彼・彼女の『人材開発・キャリア開発』を促進していくことにつながっているだろうか」という視点を持つことが重要なのです。

その意味では、ドラマで桜田は「元川商会」の等級制度の昇格基準を意識し、佐々木の「幹部職層への昇格」という「キャリア開発」について十分に配慮していたようです。

さて、「役割マトリックス」は、うまくできているのでしょうか。

第2節

組織目標・役割に対するメンバーの理解・共感を引き出す

ドラマ

「ちょっと、さっきの話の続きをしたいんだが」

第一営業部の部員が集合した「キックオフ会」の会場で、桜田は渡辺から声を掛けられた。新しい期がスタートした四月一日は、午前中は全社ミーティング、午後は部ごとのミーティングと続き、そのミーティングが予定より時間が押してしまったこともあって、課ごとに分かれた「課会」は、夕方四時半から五時半の一時間に限られたものとなってしまった。また、そのあと第一営業部全体での「キックオフ会」と称する会がオフィスで催され、缶ビール・ワインやソフトドリンク、そして簡単なスナック菓子類等が振る舞われて、皆で談笑する場となった。アルコールが少し進んだところで、渡辺が近付いてきたのである。

「営業企画課」の課会には、約束どおり渡辺も出席して、それぞれの自己紹介のあと、桜田の作成した「組織目標シート」の内容を説明し、質疑を行って内容を深めた。そして、「役割マトリックス」の内容を一とおり紹介したところで時間切れ、終了してしまったのだった。

「さっき、『課会の続きは、また明日の夕方に』って終わったけれど、悪いけど明日はお店のシフトの関係でオフィスには来れないし、オンラインでの会議の参加も難しいから、今のうちに話をしておこうと思って」と、渡辺が続けた。

「ああ、そうですよね。すみません気が付きませんで。で、どんなことですか?」

「いやね。なんでもかんでも佐々木さんに頼り切っていて、『商品勉強会』の話や『広告・宣伝企画』の話に、大野さんを絡ませてもいいんじゃないかなって思ったんだけど、どうだい?」

渡辺の思いもかけない提案に、桜田は戸惑った。

「『どうだい』って言われても、でも大野さんにはそんな負荷は掛けられないと思うんですけれど。もちろん『業績データの取りまとめ』の仕事だってかなりの負荷ですけど、こちらは慣れているからいいかなと」

「でもね、それじゃあ、彼女にとっては面白くないんじゃないかな。彼女としてもそれなりの覚悟で『第一営業部』に異動してきたわけだから」

「えっ、そうなんですか。それは知らなかった。ナベさん、もう少し詳しく聞かせてください」

渡辺の話は、「大野が『モトカ・ステーション』のオープン以来、休日を利用して家族連れでしばしば来店しており、渡辺とも話をしていること」「大野はもともと文房具が好きで『元川商会』に入社したこと」「もっと商品のことを知りたくて、思い切って第一営業部への異動を希望したこと」と、桜田にとって全く予想だにしないものであった。

「そうだったんですか。それで、『商品勉強会』の担当ねえ？　でも、荷が重すぎませんか？」

「いや、そこなんだが、『勉強会』については、こっちでやってもいいかなと思っているんだ」

「えっ、『ナベさんが』ですか？　そりゃ、そうしていただけるのならありがたいけれど。いいんですか？」

「何言っているの。こっちだって営業企画課の一員だよ。そのくらいはしなくちゃね。それに、竹内にもどんどん仕事を任せてもいいんじゃないの。結構できると思うんだよな。『データの取りまとめ』の仕事なんかは、大野さんにカバーしてもらうこともできるんだからさ。中途半端な仕事ばかりだと、ますます腐っちゃうんじゃないかな。そうそう、大野さんと竹内には、『モトカ・ステーション』のサポート役としても名前を入れておいて」

「そうなんですか？」

「まあ、こっちのほうの『目標』についてはもう少し待っていてくれるかな。とにかく、なんだかまだすっきりとしていないところがあるんだよね」

渡辺は最後は言葉をやや濁しながら、第一営業部の他のベテランメンバーに合図をして、ビール缶を片手に桜田の前をあとにしていった。

桜田は改めて営業企画課の他のメンバーの居所を探すと、佐々木は寺山部長や山根課長と談笑中であった。竹内は隅のほうで同期の営業三課のメンバーと話をしていた。大野はもちろん「キックオフ会」の場にはおらず、課会の終了と同時に会社を出て家路に向かっているものと思われた。

「私も、全面的に応援・協力しますね」

翌日、朝一番で桜田は佐々木をつかまえて会議室に入り、昨日の「キックオフ会」で渡辺から聞いた内容を話した。もし、渡辺の話のとおりに役割を変更するとなると、前の日に提示した佐々木を主担当とした役割にも大きく影響するため、佐々木の了解を取ろうと思ったのである。

佐々木の反応は、桜田が予想していた以上に肯定的なものだった。

「そうですか。渡辺さんからそんな話がありましたか。いえ、私も今日の課会で話をしようかなとも思っていたんですよ。大野さんのことを考えると、絶対にそうしたほうがいいと思います。とにかくたった五人の課ですから、いずれにしてもみんなで協力してやっていくわけですけれど、彼女にとってはきちんと『主担当者』として位置付けられるかどうかは大きな違いですよ。私や課長は、別に担当者って言われなくてもサポートするのは当然の役割なんですから」

桜田は、佐々木が自分の考えを受け入れてくれたことを嬉しく感じたと同時に、組織におけるリーダー的立場であることを明確に自覚していることを知り、非常に頼もしく思えた。

「それから、せっかくナベさんが課のメンバーになったんですから、『商品勉強会』だけじゃなくて、『展示会』『広告・宣伝』にもどんどん絡んでもらいましょうよ。なにせ、ナベさんの商品知識は全社一番なんですから」

佐々木の提案を受け、桜田はさらにもう一段「役割マトリックス」の内容を練り上げていくことができる確信を得ることができた。

「それから、佐々木さんには『幹部職への昇格』を視野に入れて、今後は作業的な仕事から企画的な仕事に役割を転換していくことを期待したいし、私と一緒に竹内君の成長にも気を配ってもらいたいんだ」

桜田は、改めて佐々木の今後のキャリアについての期待を告げ、打ち合わせを終えた。

佐々木との打ち合わせのあと、今度は大野を呼んで個人面談をした。佐々木に対する言い方とは少し変え、単に渡辺から「商品勉強会」をやってくれるという申し出があり、それに伴う担当の入れ替えだと告げて大野自身の話には触れなかった。とはいえ、大野には十分に渡辺の配慮は伝わったものと思われた。

「大野さん。どうかな？」と、桜田は大野の心情を聞いた。

「私としては、渡辺さんがそうおっしゃっていただけるのであれば、喜んで担当をさせていただきます」と、明らかに嬉しそうであった。

「それから、渡辺さんから聞いたんだけど、大野さんは『モトカ・ステーション』に何度も行っているんだって？　商品について興味があるんだね」

桜田は大野に話を向けてみた。

「ええ、実は…」と、大野は「自身が文房具に興味を持って会社に入ったこと」「入社時に本当は営業部への配属を希望していたこと」「業務部時代から営業担当としての佐々木にあこがれていたこと」「一年間の育休明けを前に思い切って佐々木に相談したこと」「今回の『新生営業企画課』に大野自身も大変期待しているということ」「五時には退社しなくてはならず、時間に追われているものの、『フレックスタイム制度』や『在宅勤務制度』を活用することでうまく勤務できていること」等、いろいろと話してくれた。桜田には、一つひとつが新鮮で、これまではクールな印象であった大野が急に親しく感じられた。

「それから、最後にお願いなんだが、竹内君に今まで大野さんが中心にやっていたデータの取りまとめを担当してもらおうと思うので、大野さんのほうからも大いにサポートしてほしいんだ」

「わかりました」

大野は明るく即答した。

「メンバー一人ひとりのことを、もう少しじっくり考えないとな」

佐々木・大野との面談を終え、桜田は「役割マトリックス」の修正に入ることにしたが、その前にメンバー個々の業務遂行上の特徴や役割設計上の留意すべき事項等について改めて整理してみることにした。

「面談をしてみると、これまで聞いてきたものとは結構違うものだな。大野さんがあんなに商品に対する興味があるとは思わなかった。だとすると、今後いろいろなことをやってもらえそうだな。それに、ナベさんの言うとおり、竹内君にはもっとどんどん仕事を任せたほうがいいかもしれない…。そういえば、ぼく自身も新人の頃はいろいろ面白くないことも多かったな」

桜田は、ふと自分自身の新入社員の頃を思い出していた。桜田も新人の頃はいろいろ悩んだ時期もあった。特に入社間もなく配属された営業課では、ただ単に先輩の同行で顧客回りをするだけで訳のわからない状況が続き、「この会社に入社したのは間違いだったのじゃないか」と考えたりもした。そんな時に相談相手になってくれたのが中途入社で同時期に同じ課に配属になった山根だった。さすがに五歳も年長であったため「同期のライバル」というよりは完全に兄貴分で、当時の課長からの唐突な指示や会社内のさまざまな仕組みや決まりごとについても、他社での経験があるからか、むしろ他の先輩社員よりもわかりやすく桜田が納得できるように説明してくれた。まさに、山根のおかげで会社を辞めずに済んだといっても過言ではないかもしれないと、改めてかみしめる思いであった。

「そういえば、いつ頃から仕事が面白くなったのかな？　そうそう、『社長賞』を取ったのが大きなきっかけだったかもしれないな」

思えば、初めはあまり好きでなかった営業担当の仕事も続けているうちに慣れてきて、「辞めたい」という思いはいつしか消えていた。とはいえ、さして優秀な営業担当というほどではなかったが、入社四年目に桜田がその年の「業務改善・社長賞」という表彰を受けたのだ。内容はその時に課内で任されていた「発注から納品までのプロセスの効率化」についてで、桜田は自分自身の成果に自信があったが、何よりも桜田の仕事を会社が高く評価し、社長に褒めてもらったことに大きな喜びがあった。

「あれで、社長に対する親近感もうんと強くなったし、『元川商会』という会社に対する愛着が湧いたといってもいいかな」

確かに、受賞以来、全社的な業務改善プロジェクトのメンバーとしても声が掛かるようにもなり、社内における人脈も格段に大きくなった。そして、結果としてその後の「採用担当・総務課への異動」につながっているともいえる。

「人生、なにが転機になるかわからない。とにかく新しい仕事の機会というのは重要だな」

そんなことをあれこれ頭に浮かべながら、桜田は、改めて四人のメンバーの「業務遂行上の特徴」を整理したうえで、「人材開発・役割設計上のポイント」（図表11）を記載してみた。

「それにしても、ナベさんは、これから何をしようと思っているんだろうか？　今後の『人材開発』といってもなあ…」

定年後再雇用の嘱託社員である大先輩の渡辺については、やはり頭を悩ますのであった。

「あなたも課のメンバーなんだから、なんか言いなさいよ」

桜田は、整理したメンバー個々の「人材開発・役割設計上のポイント」に基づいて「役割マトリックス」の修正を行って、その日の三時から今度は竹内を交えて四人で「営業企画課会」を開いた。内容は、桜田から改めて「組織目標シート」を示すとともに、昨日から修正した「役割マ

✤図表11　各メンバーの仕事の特徴と役割設計上のポイント

氏名	業務遂行上の特徴	人材開発・役割設定上のポイント
佐々木	・これまでも「各営業課・営業担当支援業務」の中心となって推進 ・営業一部での経験も長く、部課長・営業担当からの信頼が厚い ・営業企画課のリーダーとしての自覚がある	・近い将来「幹部職」への昇格を期待 ・課長補佐的な仕事を経験させる ・課内の全ての業務について絡んでもらい、適宜支援・指導的な役割を担う ・可能な限り「部課長会」にも参加させる
大野	・事務能力が高く、着実でミスが少ない ・業務部の経験があり、仕入れ・納品についての理解が高く、数値管理も強い ・「商品・文房具」に対する興味・関心が高く、強い希望で「第一営業部」に異動 ・「遅くとも午後5時退社」で所定勤務時間より1時間短縮の「育児短時間勤務」中（フレックス勤務制度・在宅勤務制度をうまく活用）	・事務作業から脱し、「営業部」としての「商品・顧客」の最前線の役割を担当 ・今後のキャリア開発を限定的に考えず、さまざまな可能性にトライさせる ・竹内の指導役も担ってもらう ・「指導職層」への昇格も視野に入れる
竹内	・入社2年目 ・営業プロセスはだいたい理解できているが、業務・受注の流れの理解については不十分 ・自分が納得できないと身体が動かないところがあり、これまでは仕事に前向きに取り組めていない ・営業2課の課長・メンバーと良好な関係が作れなかった？	・仕事をどんどん任せることで、仕事の面白さ・難しさを体験させる ・課のメンバーの一人として、積極的に関わり合うようにする ・どんどん自分の意見を言わせる
渡辺	・定年後再雇用 ・営業力が高く、商品知識も豊富 ・「モトカ・ステーション」の販売員のシフトに入り、ほとんどオフィスには出社しない ・「営業企画課の一員」としての関わりを持つことに意欲的	・商品知識・顧客対応力の高さをフルに活かすことができる役割を期待する ・「モトカ・ステーション」の今後について主体的に考えてもらう ・課長の相談役を担ってもらう

トリックス」（図表12）の内容を説明し、それについて皆で意見交換して、内容を確認し合うものであったが、竹内が一言も発しないことに対し、佐々木が業を煮やして雷を落としたのだ。

「だいたい、あなたは話をちゃんと聞いているの？　なんか反応してくれなくちゃ、わかっているんだかわかっていないのか、こっちだってわからないわよ」と佐々木は手厳しい。竹内は、思わず目を丸くして、少しの間沈黙が流れたが、佐々木から答を促されたままであることに気が付き、口を開いた。

「すみません。話をしてもいいんですね…。だいたい内容はわかりました。いや、昨日の話よりも仕事が増えたんだなって少し驚いています。あっ、もちろん、特に異論はありません」

結局、その日の竹内の発言はそれだけで終わり、その後、佐々木と大野からいくつかの意見が出た。話の中心は「モトカ・ステーション」のことであり、やはりその場ではあれこれと想像するばかりで、結論の出ない内容となってしまった。皆からの質問もある程度出尽くされたところで、最後に確認するように桜田がまとめた。

「このように、全体で役割をすり合わせするのは、それぞれ自分がやっている仕事が、課全体の中でどういう意味を持つのかを理解するためと、他のメンバーの仕事内容を知ることで、協力やフォローを相互にできるようにするためです。皆さん、そのことを十分に意識してください」

そして、桜田は、さらに一人ひとりにもう一枚別のシートを配って、説明を加えた。

「今配ったのは、『個人目標管理シート』です。今日整理した『役割』を、個人ごとにどのような計画によって果たしていくか、目標と実行策を考えて、シートに記入してみてください。皆さんが作成したシートについて、来週にはまた個別に面談をして、明確にしていきたいと思います。いい仕事をするためには、自分の役割を明確に意識し、具体的な目標を持つことが重要です。ぜひ、自分自身にとって魅力的な目標を設定してみてください」

作成：20XX. 4. 2　所属：営業企画課　氏名：桜田　久

職場の役割分担			
佐々木	大野	竹内	渡辺
「売上・粗利データ」の内容チェック＆部課長会における桜田のサポート 「顧客数データの取りまとめ」方法を竹内とともに確立	竹内の「データ取りまとめ業務」の指導・支援・育成	「データ取りまとめ業務」の担当として、「売上・粗利データ報告書」を正確に作成 「顧客データの取りまとめ」について佐々木をサポート	
桜田とともに「営業先情報」の提供内容・方法を確立 「営業先リスト提供」の計画を立案し、進捗を管理	「営業先情報」の提供内容・方法の確立について佐々木をサポート	「営業先リスト提供」の副担当として佐々木をサポート	
「各種施策年間企画・スケジュール」を部内の部課長とすり合わせて作成 広告・宣伝手法を企画について大野をサポート	「各種施策年間企画」について佐々木をサポート 主担当として広告・宣伝手法の企画業務を推進	「各種施策年間企画」の副担当として佐々木をサポート	広告・宣伝手法の企画業務をサポート
「営業担当・顧客別の取り扱い商品分析」「商品勉強会の企画」について大野をサポート	主担当者として「取り扱い商品分析」を行って課題を形成し、「商品勉強会」を企画	桜田・佐々木・大野の業務をサポート	「商品勉強会」の企画について大野をサポートするとともに、実施・展開を主導
	副担当として店舗運営管理をサポート	副担当として店舗運営管理をサポート	主担当として、店舗運営計画を立案し、運営管理を推進

✤図表12　役割マトリックス（修正版）

期間：20XX年4月～9月

主要任務	目標 （目標項目/達成レベル）	
		桜田（課長）
各営業課・営業担当者が有効に活用できる「業績進捗データ」のタイムリーな提供	週次・月次の「売上・粗利データ」を営業担当別・顧客別に正確・タイムリーに作成・報告 6月末までに顧客数データの取りまとめ方法を確立し、報告書作成→フィードバックスタート	部課長会で「売上・粗利データ」を報告し、必要な調整を図る 「顧客数データの取りまとめ方法」について部課長会で提案・調整
より多くの新規顧客を開拓していくために、営業先情報の収集・管理と情報提供の推進	「営業先情報」の提供内容・方法を確立（7月まで） 9月末までに1,000社分の営業先リストを提供	「営業先情報の提供内容・方法」「営業先リストの提供」について部課長と調整して確立
顧客に対する「元川」の広告・宣伝のためのツール・施策の企画・推進	各種施策年間企画・スケジュールを作成（6月末まで）→企画に従って実行 広告・宣伝手法を企画・提案（9月末まで）	「各種施策年間企画・スケジュール」の作成を統括 広告・宣伝手法を企画し、部に提案
さまざまな商品を提供できるよう、営業担当の「商品知識」「顧客対応力」のレベルアップ	営業担当・顧客別の取り扱い商品分析を実施（7月まで） 「商品勉強会」を8月以降毎月実施	大野・佐々木とともに「営業担当・顧客別の取り扱い商品分析」を実施 「商品勉強会」の企画・展開を統括
「モトカ・ステーション」の適正な運営管理	（売上目標：○○円） （利益目標：○○円） （その他、今後設定）	主担当の渡辺からの報告を受け、必要なサポートを行う
その他		

解説

▼メンバー個々の「やりがい」の源泉になる「魅力的な役割」を探る

ドラマは、桜田が作成した「役割マトリックス」について渡辺がいろいろと注文を付けるところから始まり、大野の仕事の志向や考え方についての理解不足や、竹内の育成についても配慮が足りないことが指摘されていました。また、佐々木に負荷が偏っていることもあり、渡辺自身に「こっちだって営業企画課の一員だよ」とまで言われてしまいました。どうやら「メンバーの力量と動機付けの視点」から見ても「合理的なフォーメーションの視点」から見ても、あまり十分なものとはいえなかったようです。

メンバーの動機を高めていけるような「役割」を仕事として位置付けていくためには、メンバー個々の仕事に対する考え方やキャリアの発達段階を理解することは重要です。ところが、とくにドラマの舞台のような新しい組織の場合、それまでのメンバーの経緯を十分に把握しないまで、個々の仕事に対する考え方を理解することができていないことが多いものです。まず、一人ひとりとじっくり時間をかけて話をし、個々の考えを理解して、本人の「やりがい」の源泉になる「魅力的な役割」を探っていきたいところです。

さて、それでは、人はどのような仕事に対して「やる気」が喚起されるのでしょうか。その問いに対する一つの回答として、「人は、『努力をすれば結果が得られるという見込みがあり』、『その結果が得られたら報酬が得られるという信念が持て』、かつ、『その得られる報酬が自分自身にとって十分に魅力的だと感じられる』時に、仕事に対するモチベーションが高くなる」といわれています（期待理論）。

では、「得られる報酬」とはどのようなものでしょう。最もわかりやすいものとしては昇給やボーナスといった「賃金的報酬」や、昇進・昇格といった「立場・権限的報酬」があります。また、周囲から賞賛されたり、認められたりといった「評価的報酬」も考えられます。これらの「報酬」は、あくまでも仕事のプロセスや結果に対して外部から与えられる報酬であり、これらによる動機付けは、「外発的動機付け」と呼ばれます。

これに対し、「内発的動機付け」と呼ばれるものがあります。これは、外部から与えられるのではなく、仕事のプロセスや結果そのものから直接的に自分自身が得る「快の感情」が報酬になり、動機付けられるものです。仕事プロセスそのものの面白さや仕事をしていることによる「充

◆図表13　仕事の外発的動機付け・内発的動機付け

	外発的動機付け	内発的動機付け
意味	仕事のプロセスもしくは結果に対して、他者が与える報酬によって動機付けられる	仕事のプロセスもしくは結果によって直接的に得られる快感情が報酬となって動機付けられる
報酬例	金銭的報酬（報奨金、昇給・賞与） 上司の高評価 周囲からの称賛・承認・名声 資格・権限等の付与	仕事そのものの面白さ・充実感 達成感・成長感・レベルアップ感 将来に対する期待感・安心感 存在感・責任感 活かされ感・貢献感

実感」、仕事を通して味わえる「成長感」や仕事結果に対する「責任感」「貢献感」といったものが仕事への動機付けにつながるのです。

したがって、メンバー個々に対して期待する役割が、本人にとって「内発的動機付け」を促進するものになっていれば、その役割に対する「やる気」は自ずと高まってくることが期待できるのです。そして、「序章」の「解説」で紹介したとおり、この「内発的動機付け」を大事にするマネジメントプロセスが、「目標管理」ということになります。

「内発的動機付け」を行うことができるような「役割」の設計を考える場合、その「報酬」となるものが、個々の立場や状況によって異なることに留意する必要があります。

入社間もない若手の社員であれば、自分が一人の社会人として意味のある仕事をしていることが感じられる「貢献感」を持てることも大きな報酬となるでしょう。また、自分自身の「成長」を実感できるような役割であることも重要です。入社後半年も経たない若手が退職に至るような例が見られますが、その理由を聞くと、「仕事の意味がわからない」「成長する実感が湧かない」と言われることは少なくないのです。ドラマでは桜田が自分自身の若手時代の心情を振返っていました。

これが、ある程度仕事を経験してくると状況は変わってきます。とくに、具体的な生活設計を背景として自分自身のキャリアを考えるべき三〇～四〇代になってくると、今の組織で任せられた役割が、今後目指していく「キャリア開発」にとって有益に働くと感じられるかどうかが重要になってきます。また、定年後の嘱託社員や定年間近なベテラン社員であったら、他者に真似のできない「存在感」を示すことができる専門的な役割や、大きな「責任感」を伴う役割に「やりがい」を感じることができると考えられます。

▼「役割」のレベルアップによって「キャリア開発」を促進する

それでは、メンバーの「キャリアの発達段階」と「役割」の関係はどのように整理することができるでしょうか。

前節での「解説」で紹介しましたように、企業は「等級制度」に落とし込むことによって「会社が期待する人材開発・キャリア開発」を促進するような施策を展開していることが多く、その詳細内容を見ると具体的なレベルアップのプロセスを把握することができます。

もちろん企業によって特徴はあるのですが、おおむね次のように「役割」を三つの領域に整理すると、そのレベルアッププロセスも理解しやすくなります。

領域A：実務遂行

既存の実務を主体的に遂行することで、質的・量的な成果の創出に直接的に貢献する役割

領域B：価値創造

仕事の発展・新たな価値の創造につながる工夫・改善・革新等の課題解決を推進する役割

領域C：組織運営

組織運営の円滑な推進および将来発展に向けた業務を主導的もしくは補佐的に担う役割

役割は、この三つの領域のいずれかに当てはめることができ、個々のメンバーは、この三つの領域についてなんらかの役割を担っていると考えることができます。

✣ 図表14　役割の３つの領域

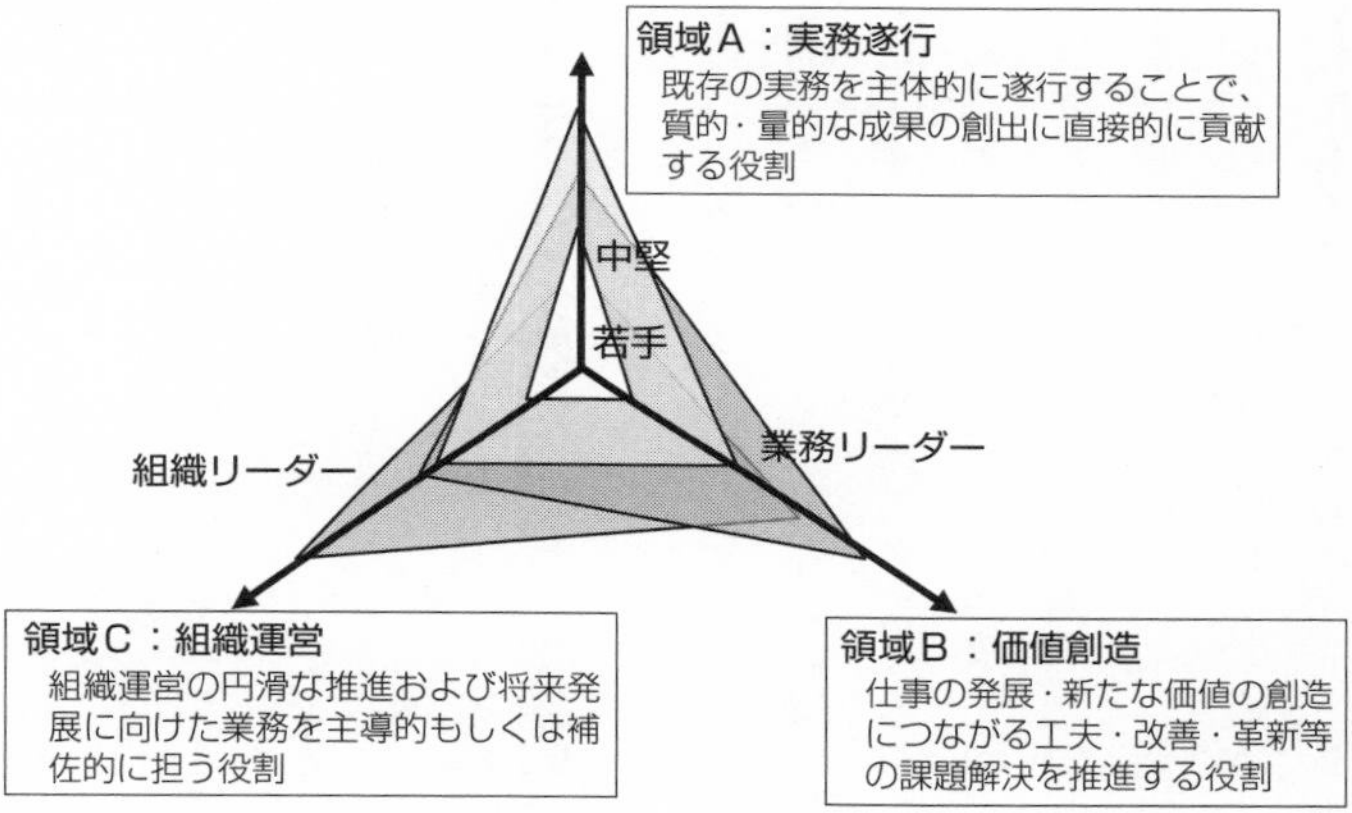
領域Ａ：実務遂行
既存の実務を主体的に遂行することで、質的・量的な成果の創出に直接的に貢献する役割
中堅
若手
業務リーダー
組織リーダー
領域Ｃ：組織運営
組織運営の円滑な推進および将来発展に向けた業務を主導的もしくは補佐的に担う役割
領域Ｂ：価値創造
仕事の発展・新たな価値の創造につながる工夫・改善・革新等の課題解決を推進する役割

経験の浅いメンバーには、まず「実務遂行（領域Ａ）」を任せることで責任感と貢献感を持たせ、併せてそのレベルをアップさせていくことを期待して成長を促します。また、中堅になってくると、「実務遂行（領域Ａ）」のレベルが上がり、同時に「価値創造（領域Ｂ）」を任されることが徐々に出てきます。また、「組織活動（領域Ｃ）」についても、若手メンバーには組織人として「同僚のサポート」を行うレベルが期待され、組織内での立場が高まるにつれて、「後輩指導・育成」や「マネジメント補佐」といったレベルの高い役割が任されるようになります。

ドラマでは、当初の「役割マトリックス」において主任の佐々木については「幹部職への昇格」という「キャリア開発」を意識した「役割」の設定はできていたと思いますが、大野や竹内については「レベルアップ」という視点を欠いていました。そこで修正後は、大野には「広告・宣伝手法の企画（領域B）」や「竹内の育成（領域C）」といった役割を期待することでレベルアップを図っています。また、竹内にも「データの取りまとめ」というややレベルの高い「実務遂行（領域A）」を担わせることで「貢献感」や「成長感」という「やりがい」を感じてもらえるようになったと思われます。

▼ミーティングを活用し、組織内の仕事の全体構造の理解を図る

桜田は、メンバー全員を集めたミーティングを実施する前に、佐々木や大野を個別に呼んで意見を聞いています。もちろんこれは、先に提示した役割分担から大きく役割を変えていくことについて了承を得るためのものですが、いずれにしてもミーティングの前に主要メンバーと事前調整することは、必要なプロセスであると考えられ、本来であれば、一回目の「役割マトリックス」を作成する前に実施すべきであったでしょう。

事前に調整を行うことによって、組織リーダーの独断による考え違いや見落としを是正し、より合理的なものへと導いていくことができます。と同時に、相手の理解を高め、あらかじめ視野を広げておくことで、全体ミーティングへのレディネスづくりを行うことができるのです。ドラ

マにおいて佐々木は、桜田との事前すり合わせで「竹内を鍛える」ことを十分に意識することができていたので、ミーティングで厳しい発言をすることができました。

桜田が最後にまとめていたように、ミーティングでメンバー全員が課全体の役割分担を理解することには、大きく言って二つの意味があります。一つは、「全体の中における自分の役割の位置付けを明確に理解すること」であり、もう一つは「他のメンバーの役割・仕事を理解し、相互にフォローできるようにすること」です。

「組織の仕事の全体構造を理解する」ことができれば、自分の仕事を「割り当てられた作業」ととらえるのではなく、「組織が成果を出していくうえでの一機能」ととらえることができるようになります。そして、そのことによって、仕事の意味を理解し、自律的に正しく判断することができるようになり、不測の事態に際しても誤った方向に進むことはなくなっていきます。併せて「他のメンバーの役割・仕事を理解し、相互にフォローできるようにすること」ができれば、組織としての生産性はいっそう高くなるでしょう。

また、組織全体の仕事構造を明確にし、他のメンバーの役割・仕事を理解し、相互にフォローできるようにすることは、別の言い方をすれば、「個人の役割よりも組織の任務が優先される」ことを動機付けていくということです。つまり、個人の仕事は、あくまでも組織全体としていい仕事をしていくために設定されたものであり、だからこそ、チームワークを発揮して、他のメンバーと協力したり、支援・指導を行ったり、必要な時には代行することが求められるのです。

ところが、このことを十分にできていない組織は少なくありません。メンバー個々の役割や業務内容が先に固定的に決められており、状況に応じて柔軟に業務内容を変更していくことを困難にしてしまっているようなケースです。よほどの固定的な個人プロフェッショナル業務でもない限り、「個人の仕事の総和が組織の仕事」ということではなく、「組織の仕事の役割分担が個人の仕事」ととらえなければ立ち行かないことは明白です。適正な組織マネジメントを展開していくうえでは、何よりも組織としての任務を果たすことが優先されることを、メンバー個々に動機付けていくことが重要なのです。

第3章

個人目標の設定

第1節

「役割」の目的を理解し、ふさわしい「個人目標」を設定する

ドラマ

「それぞれの『役割』について、いい『目標』は作れそうかな?」

課会の翌日の朝、桜田は竹内を会議室に呼んで、改めて昨日の課会で示した「役割マトリックス」の内容についての感想を聞いてみた。桜田としては、「竹内が前向きに仕事に取り組めるように」と考えたことへの感触をつかみたかったのだ。

「昨日は最後に話してくれたんで、竹内君が理解してくれたことはわかったんだけど、一つひとつの役割についてどう思ったか確認したくてね。いい『個人目標』を設定してもらうためには、きちんととらえてもらわないとならないからね」と、桜田は、竹内が答えやすいように説明を加えた。

「そうですね。確かに『目標設定』という意味では、「営業担当」の時とは役割がずいぶん違うので、わからないことが多いです」

考えてみれば、竹内は入社二年目で、昨年の下期に初めて「目標設定」し、今回が二回目である。また、「営業担当」の場合は、皆横並びに「売上獲得目標」「粗利獲得目標」を持ち、その他の「課題解決」や「後輩指導」といった課内の個別の役割ごとに目標を定めることになっているが、新人だった竹内の場合は、「顧客訪問数目標」「知識習得目標」といったすべての新人に共通するものが割り当てられ、「自分が目標設定する」ということではなかった。

「『売上・粗利データの作成』については、これまでも見ていたものですからやることはだいたいわかるんですけれど、『目標設定』となるとどう考えればいいんでしょうか? 『とにかく、ミスをしないで納期を守る』ということになるんですか?」

「うん。いい視点だね。『正確さ』と『納期厳守』は、確かにこういった役割では重要なポイントだよね。とにかく、仕事には全て『なんのためにやっている』という『目的』があるから、その目的に照らして考えれば、おのずと『いい目標』は見えてくるんだよ。『売上・粗利データの作成』は、なんのためにやっていると思う?」と、竹内の質問を受け、今度は桜田が竹内に尋ねた。

「なんのために、って? そりゃ、営業担当にとっては重要ですよね。これまで獲得した売上額や粗利額を知ることで、あとどれだけ売れば『目標達成』できるかがわかるわけですよね。それで、今後の営業計画を立てていくことができる…。そうそう、だからできるだけ素早く状況をフィードバックすることが大事なんですよね。それに、データが違っていては困ります」

「そうだよね。とにかくうちの営業は、毎日モノを持って行って、その場で買ってもらうわけではなく、直接業務部に発注の連絡があることも多いから、担当している顧客がいつ何を発注しているかが把握しきれていない。それを週次・月次で集計することで全体的な『目標達成状況』を把握することの意味は大きいよね。でも、それって、次の営業活動に活かしていくうえでは、いろいろな角度からデータを見ていかなければならないんだよ。具体的に言えば、売上額をアップするために受注の予測をして発注漏れを防いだり、価格を交渉したり、新しい商材の売込みをしたりしていくことは営業担当の大事な仕事だ。もっと粗利を稼がなければと思えば当然原価率が低い商品に力を入れていく必要も出てくる。それに、戦力商品を定めてキャンペーン価格を設定したり、大量発注をして仕入れ額を抑えたりとなると、今度は個々の営業担当ではなく、営業各課や部全体のとしての施策に展開していくことになってくるよね」

桜田は、二年目の社員にとってはやや難しいかなとは思ったが、竹内がしっかりとうなずきながら聞くのを見て、一つひとつゆっくりと噛み砕きながら話をした。

「だから、単に『売上額・粗利額』だけじゃなくて、『商品別のデータ』や『粗利率』も取りまとめているんですね。…うーん、でも、やはり僕には少し難しいです。初めに見せていただいた役割分担表では、『その他』の欄に『売上・仕入れの流れについて理解する』ってありましたが、今はそのレベルであって、正確な『売上・粗利データ報告書』を作成するなんて自信ありませんよ」と、少し弱気を感じさせる竹内の言葉ではあったが、桜田には状況を的確に把握している姿がむしろ頼もしく思えた。

「そのことで言えば、初めから完璧にこなしてもらおうと思っていないから、いわば、『一人前のデータの取りまとめ担当』となるための半年間の『目標』を設定してもらいたいんだ。この件については大野さんに竹内君の指導・育成役をお願いしているし、佐々木さんにもチェックしてもらうから、二人にいろいろと教えてもらって、『担当者として九月末までにどのレベルを目指すのか』を考えてみてよ。いずれにしてもこの役割は竹内君に中心となってやってもらいたいことだからね」

「はい、わかりました。それでは、まず大野さんに相談してみます」

「そうだね。それから、その他のサポートの役割についても、他のメンバーの話をよく聞いて『目標』を考えてみて。とにかく何かわからないことがあったら、なんでも気軽に聞いてみてよ」

桜田は、竹内の気持ちをときほぐすように声を掛けてその場の話を終了した。

「それじゃあ、九月末に向けて、ステップ目標を考えたいわね」

桜田との面談を終え、竹内は大野にさっそく時間を取ってもらい、「データの取りまとめ担当」の内容について打ち合わせを行った。桜田が竹内に話した内容を聞いた大野は竹内が自身の役割の意味について適切に理解していることを心強く感じ、竹内を一人前に成長させていくためのステップを作ることがまず頭に浮かんで、そんな言葉が出たのである。

「『ステップ目標』ですか?」

「そう。竹内君の役割は単に『売上・粗利データ報告書の作成』ということではなく、『データの取りまとめ担当』ということだから、いろいろレベルがあるでしょう? まずは『基本データ報告書』を正確に納期通りに作成することだけど、これは誰だってできることで、竹内君なら四月・五月を私のほうで見てあげれば、あとは一人でできるようにならなければならないレベルね」

「そうなんですか?」

「そうよ。ポイントは『データ取りまとめ担当』として一人前と言えるのはどういう状態かということなんだけど、それは、営業担当からのさまざまな依頼に対してデータを提供できるようになることだと思うの。桜田課長がおっしゃっていた『九月末までにどのレベルを目指すのか』ということでいえば、私なら竹内君にはそこまでにはなってもらいたいところだな」

「そうなんですか?」

竹内は、大野が自分に対して高い期待をかけていることに、驚きを隠すことができない。

「そして、営業担当からの依頼に応えることができるためには、どんな数字を持っているのかを把握しているとともに、営業担当が何に活用しようとしているかを理解することが大事よね。営業担当がデータを何に活用しようとしているかが理解できていれば、直接要望されたデータよりも、もっと有効なものを提供することができるでしょう」

「そうですね。でも、そうなるとやっぱり僕には難しい気がするんですよね」

「何言ってるの。だから『ステップ目標』を考えるのよ。四月・五月は、私のほうで営業担当からの依頼は受けて一緒にやっていきましょう。六月・七月は、竹内君が窓口になって私や佐々木さんに確認しながら自分でやってみるようにしてね。まあ、それができるようになれば、まずは合格と言えるけれど、竹内君には八月以降はだいたいの『データ取りまとめ業務』は私たちの手を借りず一人でやれるようになることを目指してもらいたいな。そうじゃないと…」大野は竹内の顔を見て、噛みしめるように言った
「そのぐらいしてもらえるようにならないと、私自身が自分の役割を果たせなくなっちゃうでしょ!」

竹内は、「一人前」という言葉に責任と期待を感じるとともに、改めて「営業企画課」の中における自分自身の存在意義を感じることができ、なんだかこれまでにないワクワクとした感じを持てたのであった。

「『サポート役』って、どんな目標を作ればいいのかしら」

竹内との打ち合わせを終え、大野は自分のパソコンに向かい「個人目標管理シート」の作成に取り掛かった。「営業企画課」の「役割マトリックス」に書かれた自分の役割をそのままの順番で「シート」左欄に書き、一番上の「竹内の『データの取りまとめ業務』の指導・支援・育成」については、先ほど竹内とすり合わせた内容に基づいて書くことができたのだが、次の「『営業先情報の提供内容・方法の確立』について佐々木をサポート」の目標を考えるにあたって、早くも迷いが生じたのだ。

「『サポート』っていうんだから、主担当のお手伝いでしょ。だとすると、『佐々木さんの期待に応える』っていうことでしかないような気もするし、そんなスローガンみたいなものじゃ、とっても目標とはいえないわよね…」と、なかなか納得するものにならない。

「とにかくこれは、まずは佐々木さんと進め方について相談してみないといけないし、そのためには、少しでも佐々木さんのお役に立てるようにきちんと内容を理解しておかなくちゃ。そして…」

大野は思い返したようにつぶやいた。

「まずは、重要なのは、私が主担当として任せられた『広告・宣伝手法の企画』と『商品勉強会の企画』の役割についてだわ。これらは、『営業企画課』の組織目標に直接連動したものだから最終的な目的はわかるのだけれど、実際には何をやったらいいのかが全くイメージできなくて、この目標設定もとても難しいわ。とにかく、課長がおっしゃったように『役割を具体的に進めていくための指標』となるものなのだから、内容が求めていたものとずれてしまわないように、その都度確認しながら仕事を進めていくことになりそうね。竹内君に話をしたみたいに『プロセス』をきちんと考えながらやっていくしかないかもしれないわ…」

大野は、ぶつぶつと言いながらもなんとか「個人目標」をシートに書き入れた。

「本当に、こんなのでいいのかしら。だいたい『数値目標』を設定できていないのも不安だわ。以前どこかで『目標は数値で表せ』って言われた気もするし。確かに『数値目標』だと達成レベルが明確でやりやすい気がするけれど、でも、数値化できないものだってあるわよね…」

「まあ、いいか。とにかく後は、課長に聞いてみましょう」

大野は、なんだか桜田との面談が楽しみな気になった。

解説

▼どんな「役割」でも「目的」を理解すれば「目標」は設定できる

「個人目標」の設定は、「組織目標」と同様、ふさわしい「目標項目」を選定し、期限までに目指す「達成レベル」を決めるのですが、このふさわしい「目標項目」の選定は意外と難しく、慣れないと迷ってしまうことが多いものです。

例えば、「営業担当」として「できるだけ多くの金額を売上げる」という役割については、当然「売上額目標」がふさわしいものであると比較的簡単に考えることができます。しかし、同じ「できるだけ多くの金額を売上げる」場合でも、仮に市場ニーズが大きく追い風であるような環境であったらどうでしょう。そうなると、単に「売上額目標」だけでなく、「顧客におけるライバル会社間での売上シェア」といった指標も「いい成果」を上げることを意識していくうえでは重要になってきたりします。また、「新規戦略商品を普及したい」といった営業戦略であるならば、当然として「売上額目標」も商品別に設定しなければ意味がありません。

ドラマにおける「第一営業部」の「営業担当」もこれまでは「売上・粗利額の獲得」のみを追求してきたのですが、今期は「中規模取引の顧客を日本全国に広げる」という新方針の下「顧客数目標」を設定することになっていました。「第一章」のドラマでも出てきていましたが、長年同じ目標を追いかけて活動をしてきた人間にとっては、目標が変わったり、新たな目標が加わったりすることには抵抗感があるものです。しかし、これは自身の役割の意味を厳密に考えることから逃避しているといわざるを得ません。「仕事・役割」にはその目的があるのですから、当然その目的に照らしてふさわしい「目標項目」があります。目的が変われば、「目標項目」も変わるのです。

「営業企画課」のメンバーについては、竹内の「データの取りまとめ担当」について話題になっていましたが、まず、桜田は面談で竹内に対して「売上・粗利データの作成」の「目的」を問い掛け、竹内自身が考えるところから始めていました。この「売上・粗利データの作成」のように、定番の事務作業のようなものについては、「この仕事は、単純作業なので目標設定をすることは無理です」という言葉を耳にすることがよくあります。作業を行うことのみに意味があり、「よくできた・できなかった」のレベルはないという考え方です。しかし、実はそういった仕事のとらえ方を変革していこうというのが、「目標管理」の意味そのものであることを改めて強調したいところです。

どんな作業にも仕事としての「目的」があります。その「目的」に照らして現状を分析すれば、よりレベルアップすべき課題が必ず見つかります。たとえ「標準化された作業」を行うだけの生産ラインの業務だとしても、なんのための「標準作業」なのか、「納期を守るため」「生産量を上げるため」「品質を確保するため」「無駄なコストを削減するため」といった「目的」に戻れば、「もう○秒スピードアップできれば」「もう少し工程を省略できれば」「もっと高度な技能を発揮できれば」といった課題が見えてくるはずです。そして、これらは、いずれにしても組織リーダーがいかに仕事の意味・目的を明快に提示できるかに掛かっているのです。

ドラマで竹内は、すぐに先輩である大野に相談したことで、「売上・粗利データの作成」の目的をさらに深く突っ込んだ「データの取りまとめ担当」としての成長プロセスを細分化して教えてもらいました。このことによって、抽象的なものに陥ることなく、具体的な「九月末までには一人前になる」という目標を設定することができると思えます。（もっともこれは大野自身にとってもそのまま「育成目標」の考え方の基礎となっています。）

▼客観的な指標となることを目指すが、「数値目標」にはこだわらない

「目標」は、役割を果たしていくうえでの指標となるものですから、当然、振返った時に「その

レベルに至った・至らなかった」が明快であることが求められます。つまり「指標の客観性（測定可能性）の確保」が必要です。そして、そのことから、「目標は数値で表せなければならない」といった言葉を耳にすることがあります。ドラマにも出てきましたが、これは否定しておかなければなりません。あくまでも「客観的な指標」であって、「数値」である必要はありませんし、さらに言うと、あくまでも「目指す」のであって「完全に客観的な指標にならなくても仕方がない」と考えるのが現実的です。

もちろん、「数値目標」であれば達成したことが明快にわかり、進捗状況についても逐次把握することができますから、同じ役割を担う者同士で競い合ったりすることができます。また、その役割の当事者でない人間が傍から見ていてもわかりやすいですから、「心を一つにして目標達成に突き進む」といった求心力を高める効果も期待することができます。そして、実際、営業担当者の「売上額獲得目標」「顧客獲得数目標」や生産担当者の「不良品率低減目標」、事務担当者の「伝票処理件数目標」といった「数値目標」が数多く存在します。

しかし、これらは、その目的・内容が比較的安定的で長年変わらないものであったり、行動を単純に一つの方向に向かわせていくことに意味があるような役割で、前章で紹介した「役割領域」で言えば、「実務遂行（領域A）」に位置付けられるものが中心であると想定されます。「価値創造（領域B）」や「組織運営（領域C）」の役割については、どうしても「数値目標」にすることは難しく、できたとしても「役割」の中の一部の項目にすぎない場合が多いものです。ドラマにおける大野は「価値創造（領域B）」の役割を多く担当するようになっていますから、当然「数値目標」の設定が難しくなってしまったのです。

逆に、数値化にこだわりすぎ、「目的」からずれた目標を設定してしまうという間違いを犯すことがないように留意することのほうが重要です。無理やり意味のない数値を引っ張ってきて「これが目標だ！」という例はよく見られます。

とはいえ、いずれにしても、できるだけ「客観的な指標」となるような「目標項目」となるようにすることは大いに求められます。そして、そのためには、やはり、役割の目的に照らして「これができたらいい」と想定される項目をたくさん洗い出し、その一つひとつを仕上げていくことです。ドラマで竹内は「データの取りまとめの担当」について、先輩の大野からその項目を提示してもらい、取り組んでいくプロセスを整理することができました。逆に大野は、「企画」の役割について、これから作り込んでいくことが必要になるわけです。

▼達成したら「いいね！」といえるレベルの目標を設定する

さて、「個人目標」は「目標項目」と「達成レベル」によって構成されますが、「序章」で解説しましたように、目標管理においては、「達成レベル」は、個々のメンバーにとって「達成感・成長感」が得られるものであることが基本となります。つまり、「目標達成」したことに満足を感じることができ、「いいね！」と言えるようなものであることが「達成レベル」の設定の原則になるのです。

ところが、設定された目標を見てみると「達成したら、いいね！」ではなく、「達成しなかったら、ダメ！」といったものが時々見受けられます。「トラブル発生『0件』！」などというのも、「かなり頑張っても、どうしてもいくつか発生してしまう」という状況であれば「0件」が達成できれば「いいね！」といえますが、「通常は発生しないのだから、発生したらダメ！」という状況下では「いい目標」ではありません。また、営業担当の「売上目標」も、よく「ノルマ」という言い方を耳にしますが、これは「達成しなければダメ！」というニュアンスを持っていますから、「目標管理」としてはふさわしい表現ではありません。

「目標管理」で設定する「達成レベル」は一つであることが基本ですが、実際は、期待のレベルに応じて何段階か設定することができます。例えば、わかりやすく「五段階評価」で考えてみると、「5：極めて満足度が高いレベル」「4：満足なレベル」「3：満足とまではいかないが不満足ではないレベル」「2：全然ダメとは言わないが不満足なレベル」「1：極めて不満足なレベル（全然ダメ）」と段階区分することができ、この「五段階」のそれぞれのレベルに目標を設定

✤図表15　「目標達成レベル」の５段階評価「満足ライン」

5：極めて満足度が高いレベル
4：満足なレベル（目標達成レベル）
3：満足とまではいかないが不満足ではないレベル
2：全然ダメとは言わないが不満足なレベル
1：極めて不満足なレベル

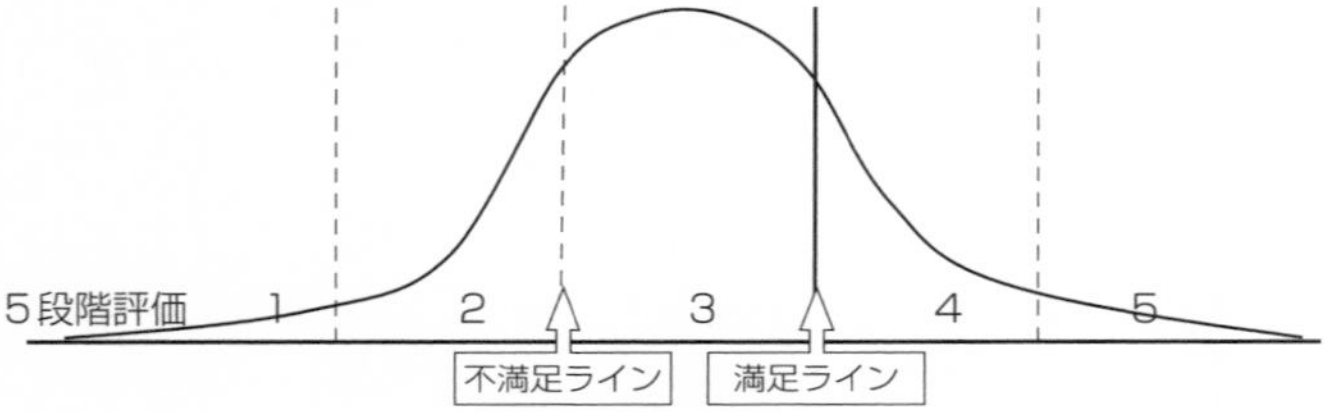

することができるわけです。そして、その中で「評価4」になるライン(満足ライン)に、目標の「達成レベル」を設定することを「目標管理」における目標設定の原則であると考えていただきたいと思います(図表15)。

ドラマでも竹内の力量を考えて大野は「基本データ報告書」を正確に納期通りに作成する」は誰でもできるレベルであると言い切ったうえで、「営業担当からの依頼に竹内が窓口になって大野や佐々木に確認しながら自分でやれるようになれば、まずは『合格』」と言っています。逆に言うと、そこまでいかなかったら「不合格」で「ダメ！」ということですから、大野としてもここに目標を設定することを期待していませんでした。大野が先輩として達成したときに竹内に対して「いいね、満足！」といえる目標は、「だいたいの『データ取りまとめ業務』は大野や佐々木の手を借りず一人でやれるようになること」なのだということです。

第2節

「目標達成」を具体的にイメージできるように導く

ドラマ

「いい『目標設定』ができたかどうか、自分でもわかりません」

営業企画課のメンバーの中で「目標設定面談」の実施を最初に申し入れてきたのは大野咲江だった。そして、開口一番がこの言葉である。

「とにかく、まだ決まっていないことばかりで先が本当に読めませんし、だいたい『サポート業務』って、『目標設定』が難しいですよね」

「ほう？　それじゃあ、とにかく考えたことを一つひとつ聞かせてください」

桜田は、大野の作成した「個人目標管理シート」（図表16）の内容の全体をざっくりと見ながら、まずは大野にそう促した。大野は、昨日作成した「シート」の内容を上から順番にゆっくり

大野　咲江　作成日：20XX年4月6日

目標達成のための実行策	上期末振返り・自己評価		上期振返り・上司評価	
	振返りコメント	評点	振返りコメント	評点
・データの活用方法を教授する ・4・5月中は基本データ報告書の作成内容をマスターしてもらう ・特殊集計については、5月までは大野が担当してOJT、6・7月は竹内君に任せ、支援する ・8月以降は全てを任せる				
・毎週佐々木さんと会議を行い、スケジュールを立てる ・他の業務とのバランスを考えながら具体的な業務を佐々木さんと分担する				
・独自にこれまでの施策に対する情報を取材し、効果分析する ・毎週佐々木さんと会議を行い、積極的に発言をする				
・現状の広告・宣伝ツールの全体像と有効性を整理する ・あまり限定的にとらえず、さまざまな手法の可能性を考える ・毎週の課会で報告・提案を行い、早めに見通しをつける				
・毎週佐々木さんと会議を行い、「分析」の業務プロセスを構築 ・早め早めに部課長会に分析結果を報告し、意見交換を行って課題の形成につなげる ・「商品のスクラップ＆ビルド」も視野に入れる ・営業課・営業担当に取材し、商品勉強会のニーズを把握する				
・渡辺さんから情報収集し、要望に応える ・時間を見つけ、できるだけ店舗に行く				

✤ 図表16　個人目標管理シート（大野）

20XX年4月〜9月末（上期）　　第一営業部　営業企画課

役割	現状分析	目標	ウェイト(%)
竹内君の「データの取りまとめ業務」の指導・支援・育成	竹内君は、「売上・粗利データ」についてはある程度理解しているが、「データの活用」「仕入れ業務の流れ」についての理解が浅い 作業が月末に集中しがちで、時間配分が難しい	竹内が一人で業務を担当できるようになり、9月のデータ報告書をミスなく作成	20%
「営業先情報」の提供内容・方法の確立について佐々木さんをサポート	休眠顧客リストが各課で管理されていないため、データの再整理が必要	スケジュール通りに業務遂行 必要なデータを正確に提供	5%
「各種施策年間企画」について佐々木さんをサポート	前期は10月に展示会を実施 有効施策についての分析を行えていない	有効なアイデアの提供による貢献	5%
主担当として広告・宣伝手法の企画業務を推進	広告・宣伝ツールの全体像と効果がつかめていない 顧客の声をつかめていない	6月末には具体的な広告・宣伝手法を企画・提案し、実践の見通しを付ける	30%
主担当者として「取り扱い商品分析」を行って課題を形成し、「商品勉強会」を企画	各課・各営業担当の取り扱い商品・得意商品に差がある印象であるが、詳細な分析はない 営業担当主導の「勉強会」の出席率が低い 「新商品」以外の商品マニュアルが更新されていない	7月末をめどに「営業担当・顧客別の取り扱い商品分析」を作成し、課題を明確化 9月末には分析に基づき、有効な「商品勉強会」の具体的な実施企画を立案	30%
副担当として「モトカ・ステーション」の運営管理をサポート	店舗運営の詳細がまだ決まっていない 渡辺さんが忙しくオフィスに来られる機会が少ない	渡辺さんの支援業務を滞りなく行う	10%

と説明した。大野の話のポイントは以下のとおりである。

・「竹内の『データの取りまとめ業務』の指導・支援」については、当初は手取り足取りの指導になるとは思うが、九月までに一人前にすることを目指したい（竹内ともじっくりと話をすることができ、彼が比較的理解できていることに驚いている）

・主担当として任された「広告・宣伝手法」と「商品勉強会」の企画については、全くイメージができなかったため、とにかく課会で議論した内容を思い出しながら「何のための企画」なのかを考えて「現状分析」を行ってみた

・結果として、成果を出していくうえでのプロセスを目標として設定したが、それでよかったかどうか自信がないので桜田の意見を聞きたい

・その他、佐々木の「サポート役」については、とにかく佐々木とコミュニケーションを取ることに注力し、あとは、「佐々木の期待に応える」ということでしかないと思う

・「モトカ・ステーション」については、なんとなく可能性を感じるが、今の時点では全くアイデアが出ず、もっと渡辺と十分にすり合わせをしないといけないと思う

・「数値目標」を一つも設定することができなかったが、それでいいのだろうか

桜田は大野の話を聞きながら、その都度気が付いたところで簡単な質問はしたが、あとは「う

んうん」とうなずく程度で、大野に最後まで話をさせ、一とおり聞いたところで口を開いた。

「いやー、なるほど、よく考えられていると思うよ。僕も総務課の時にそうだったけれど、企画の仕事やサポート役の場合は、目標設定は難しいよね。『数値目標を設定するように』っていう人がいるけれど、事務担当で役割の成果が数字で表せるのは、事務処理の生産性を少しでも上げることが求められる初級レベルだったり、『経費削減目標』のように、目指す成果が明確な場合に限られるよね。今回のような『企画』の場合は、『その目的に照らしてふさわしいものを作る』ということでしかなく、その意味では、大野さんのように『初めに目指すべき条件となるものを明確にすること』と、『プロセス目標を設定すること』の二つで正解だと思う。今の段階では、いい目標が設定できているとはいえないけれど、その代わり、『シート』の『目標達成のための実行策』の欄に具体的なステップもある程度書いてくれているから、このように進めてもらえれば、比較的早めにより明快な目標も設定できるんじゃないかな」

「そうですか、そう言っていただけると嬉しいです。でも『サポート役』の目標は、こんなスローガンみたいなものではだめですよね」

「いやいや、これもこんな感じでいいよ。この場合、厳密な目標の設定は『主担当』がやることで、『サポート役』については、言ってみれば『目標設定することに意味がある』っていうことかな」

「えっ？　どういうことですか？」

大野が怪訝そうな表情を見せた。

「それはね、『サポート役』は、あくまでもサポートなんだけど、『目標』を設定することで、『これも自分の役割なのだ』と忘れることなくしっかりと意識してもらうことに目的があるんだ。目標としてのウエイトも高くはないけれど、しっかりと関わってもらいたいんだ」

桜田の言葉に、大野も少しホッとすることができた。

「しかし、こうやって改めて『目標管理シート』を見ると、大野さんにはかなり負荷の多い役割になっているし、特に早めにやらなくちゃならないことが多くて大変だと思うけれど、私も一緒に進めていきたいと思っていますから、コミュニケーションを十分に取りながら、しっかりやってくださいね」

面談を終えて、大野は改めて今期の仕事にやりがいを感じるのであった。

大野との「目標設定面談」を皮切りに、竹内、佐々木と「面談」を進めていった。竹内は大野と相談したことに基づき「データの取りまとめ業務」については、九月に一人前になることを目指し、段階的に身につけていくポイントを整理することができていた。また、「サポート役」についても大野と同様、スローガン的なものとなっていたが、それはそれとして妥当なものと考えることができた。

佐々木の場合は、主任としての高い自覚が感じられる内容で、桜田とともに「営業企画課」の「組織目標」を達成していくことを前面に掲げた「個人目標」になっていた。『役割マトリックス』を修正する際に佐々木と打ち合わせした時に伝えた今後のキャリアに対して意識していることをうかがわせるものであった。

「そうですよね。ナベさんも『個人目標』を設定するんですよね」

意外だったのが、渡辺との「目標設定面談」である。実は桜田は、「嘱託社員」の渡辺が細かい「個人目標管理シート」を作成して面談に臨んでくるとは思っていなかったため、そんな言葉が口をついたのだ。

「『設定するんですよね』とは失礼だな。年寄には『目標設定』はいらないとでも言うのかい。こっちだって「営業企画課」の一員として役割をいただいているんだから、それを「個人目標」に展開して進捗管理していくのは当たり前じゃないの」

「いやいや、すみません。そういう意味じゃなくて、ナベさんならもっとざっくりとした『目標設定』になるのかなって思ったものですから…」

「そいつは、ますます失礼だな…。まあ、いいや。とにかく今日は改めて『モトカ・ステーション』の目標についてきちんとすり合わせておこうと思って、少し細かめに書いてきたんだ」

渡辺は、作成した「個人目標管理シート」を見せて以下のような説明を行った。

・「モトカ・ステーション」は店舗として健全に運営管理を行っていくことを目指すが、「売上・利益」を追求するものとしては位置付けず、「売上目標」を持たない

・代わりに「アンテナショップ」および「ショールーム」の機能として位置付け、マーケットニーズや商品に対する顧客の感触を把握したり、新商品のデモンストレーションを行ったりすることに積極的に活用する

・ついては、六月までに「アンテナショップ／ショールーム」としての活用の仕方について具体的に確立し、七月以降は実践していきたい

・そのことによって「営業企画課」としての「使命」の一つである「新たな企画を提案・展開していくことで、『さまざまな種類の良い商品を提供していく』の実現に貢献する」の一翼を担う

この内容は桜田を大いに驚かせるものであった。それまで漠然と「売上・粗利獲得」が目標と考えていたものが、その性格をがらりと変え、「営業企画課」がその「使命」を追求していくうえで有効に活用できる「手段」として「モトカ・ステーション」が見えてきたのである。

「待ってください。ナベさん、そうなるといろいろなトライアルもできるっていうことじゃないですか。つまり、ほしい商品を直接お客さんから聞いたり、新商品をお店に並べて売れ筋を見届けたりっていうことですよね」

桜田は、目からうろこが落ちたように、次から次へと発想が湧き出てくる思いであった。

「そうそう。そうなんだよね。まあ、そう言ったってやれることは限られるんだから、どうやってそれを有効に進めていくかが、僕の『個人目標』としては重要になってくるし、その成果がうまく出れば、お店を始めた甲斐があるっていうもんだね」

「えっ？　ナベさんとしては、もともとそういう戦略で『モトカ・ステーション』を始めたっていうことですか？」

「『戦略』って言われるとねえ…。だから以前にも言っただろ、『営業マンの勘』だって。もっと言うと、実はそれまでもやもやしていたものが、この前桜田ちゃんに『営業企画課』の『組織目標シート』を見せてもらってからいろいろと頭を整理することができたんだ」

「じゃあ、この方向で『モトカ・ステーション』を運営するということで、次の課会でほかのメンバーとも共有しましょうね。他の『任務』にも大いに影響することですからね」

桜田は、もはややる気持ちを抑えることができないでいた。

解説

▼「実行策」や「ウエイト」を設定し、「目標達成」のイメージを持たせる

ドラマで紹介している「個人目標管理シート」は、あくまでも一つの例で、比較的記入欄が多いものであるといえます。「役割」と「目標」の間に「現状分析」の欄を入れ、「目標設定」に至るプロセス・論拠を整理できるようにしています。また、「役割・目標」ごとの「ウエイト比率」と「目標達成のための実行策」を目標設定時に記入する欄も設けています。

これら「現状分析」や「ウエイト比率」「目標達成のための実行策」の欄は、「目標設定面談」において上司である組織リーダーとメンバー本人とが「目標」についてすり合わせていくうえでとても有効に機能します。特に「実行策」については、上司にとって本人が「目標達成」に向けたプロセスをどのくらい現実的に見とおしているのかが見えてきますので、その内容に対して具体的な意見やアドバイスを行うことができるようになります。「スケジュールに無理はないか」「実行するための障害は何か」「上司として支援できることは何か」、面談をとおしてメンバー自

身にとってもより明確に目標達成プロセスをイメージすることができることが期待できます。もちろん「目標管理シート」に記載する量には限界がありますから、面談後に改めてより詳細な「実行計画シート」を別に作ることも考えたいところです。

「ウエイト比率」については、ややわかりにくいかもしれませんが、これは、いわば「目標の重要度・優先度」を端的に表すものです。そのメンバー個人にとって重要度・優先度が高い「目標」については高い率を設定し、全体で一〇〇%になるようにしますから、当然かなり比率が低くなる「目標」も発生します。もちろん、「ウエイトが低いから手を抜いていい」ということではなく、その目標も「達成」を目指していくのですが、進捗の状況に応じて特定の目標に注力せざるを得ない事態が発生しないとは限りません。その時に、「私が優先すべきはこの目標だ」ということを自覚しておくためのものです。

ドラマにおいて大野の「サポート役」の役割については、五～一〇%の比較的低い「ウエイト」が設定されており、桜田も「忘れることなくしっかりと意識してもらうことに目的がある」と、優先度が低いことを伝えていましたが、まさにそういう使い方もあるでしょう。また、この「ウエイト比率」は、「第五章」で改めて紹介しますが、目標達成状況を全体的に総括して「業績評価」をしていくうえでの目安としても重要な機能を担っています。

▼目標管理プロセスの中で、タイミングよく「面談」を実施する

ドラマで桜田は、メンバー全員と個別に面談をして、目標をすり合わせ、共有化を図っていました。「面談」は、「目標管理」において非常に有効に活用されるマネジメント上の手法として位置付けられているものです。

よく、「日常的にきちんとコミュニケーションを図っているから、わざわざやらなくてもいいよ」、「『目標管理シート』の内容を見たら、特に言うことがなかったから、今回は必要ない」などといった判断をしてしまう場合もあるようですが、これらは上司の立場からの一方的な見方であることを十分に理解してください。上司の役割期待を本当に理解しているかという点も、本当に自分自身の意思を反映した目標設定になっているかという点も、個別に話をすることで、初めてつかめることが多いのです。

目標管理のプロセスで、面談を行うタイミングは「図表17」に示したようにいくつかあります。このうち、「キャリア面談」や「フィードバック面談」は、「目標管理制度」としてではなく、「人事制度」として位置付けられ、直属上司の組織リーダーではなく、より上位の上司や人事部が毎年行う方法を採っている会社もあると思います。

✤ 図表17　目標管理プロセスと面談のタイミング

キャリア面談（役割設計面談）	自分自身のキャリア目標、仕事をしていくうえでの動機・志向としてどのような考えを持っているのかを上司が把握し、指導・アドバイスを行うことで、長期的な視点でキャリア開発を進めると同時に、組織内の合理的な役割分担を考えていくうえでの資料とする。
役割の事前面談	組織内の役割設計の内容について、メンバー全員によるミーティングの実施の前に必要に応じて個別面談にてすり合わせを行うことで、メンバー自身の新たな役割に対する共感の醸成や組織内のフォーメーションに対する理解を図る。
目標設定事前面談	組織内のミーティングによって提示された役割分担における自身の役割に対する理解度・共感状況について必要に応じて個別に確認し、目標設定を行ううえでの疑問・不安の解消を図る。
目標設定面談	メンバー自身が設定した「個人目標」の内容について、上司とすり合わせることで妥当性を確認・調整し、必要な修正を行うことで目標達成の見通しをつけ、期中の前向きな取り組みを動機付けていく。
中間面談	期中（定期もしくは随時）に、目標の進捗状況およびそのプロセス・実行策の効用等について中間チェックを行い、本人と上司との間で十分にすり合わせて、目標達成を改めて動機付けるとともに、必要に応じて、実行策もしくは目標そのものの見直しを行う。
期末振返り面談（期末面談）	期末に目標達成状況ならびに期中のプロセスについて、本人・上司がそれぞれ「振返り評価」を行った結果をすり合わせ、当期の仕事を総括するとともに、課題を明確化することを通して、次期の仕事に活かしていく。
フィードバック面談	期末の「振返り面談」の内容を踏まえて行った「人事評価」の結果を上司がフィードバックし、処遇への反映も踏まえて動機付けていくことで、次期の「成果の追求」や今後の「キャリア開発」への意欲をさらに高めていく。

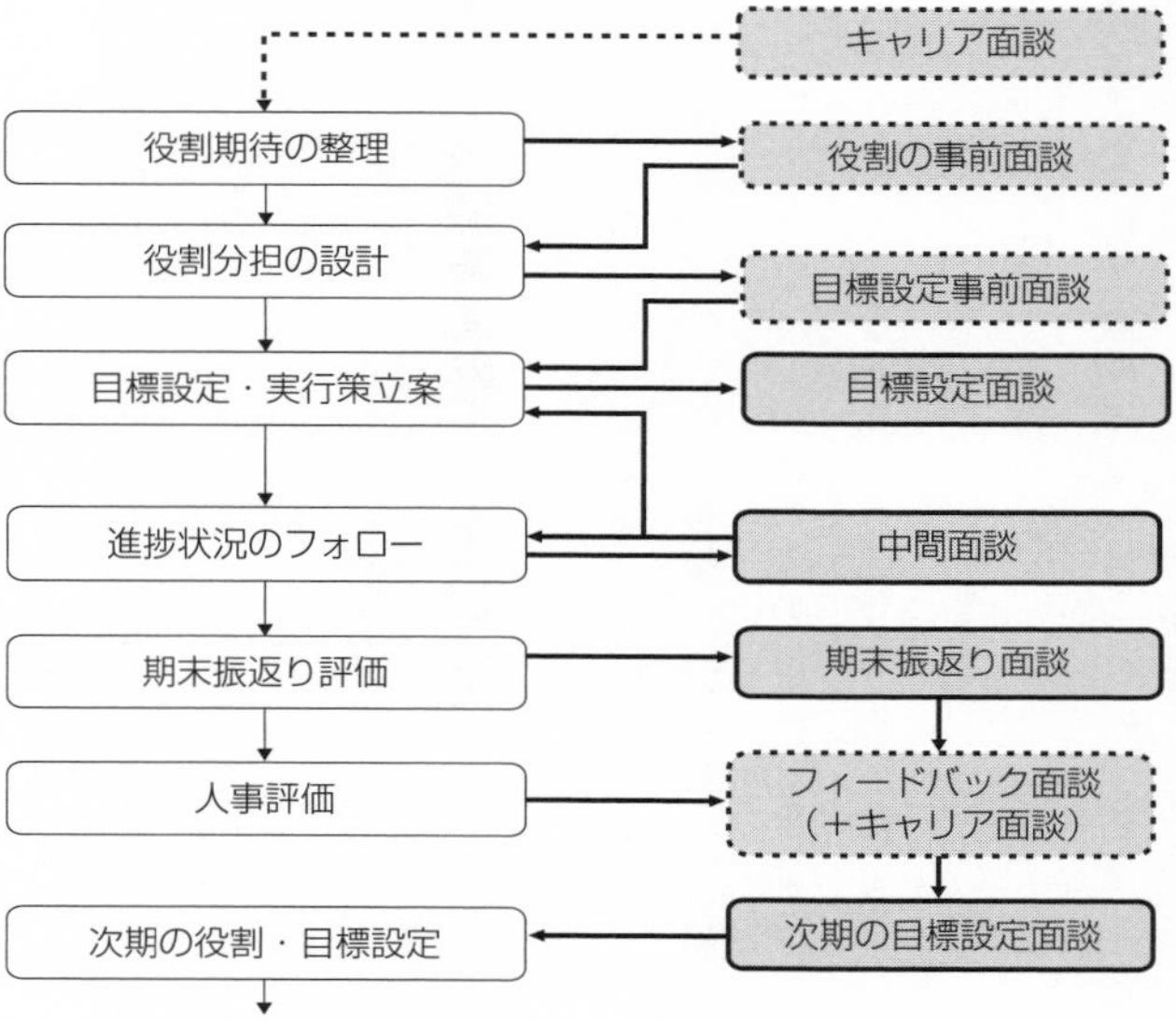

また、「役割の事前面談」「目標設定事前面談」は、ドラマの中では紹介されていましたが、これらは桜田が行う必要があると感じたから実施されたものです。その意味では、「目標管理制度」の中で正式に位置付けられるのは多くの場合、「目標設定面談」「中間面談」「期末振返り面談」の三種です。なお、「中間面談」については、会社ごとの事情に応じて、実施時期・実施回数とも、いろいろなパターンがあります。

▼面談を有効に展開することで、「個人目標」の達成を動機付けていく

「目標設定面談」は、メンバー本人が「目標」を自分自身のものとして強く認識し、その達成に動機付けられていくことが目的です。その意味では、面談といっても、本人がいかに自分の考えをうまく整理していくことができるかが重要で、組織リーダーは上司としての自分の考えを押し付けることなく、こちらの期待度を本人が理解しているかどうかを確認するプロセスにすぎないと理解しなければなりません。

改めて、「目標設定面談」の手順を整理すると以下のようになります。

①本人が自身の設定した今期の目標および実行策について説明する
②説明された内容に対して上司が質問を行い、本人がそれに答える形で内容を吟味する

③目標設定および実行策に改善・付加が必要と思われるものについて、話し合いを行い、合意を形成する

④合意が形成されたものについてシートを修正する

⑤目標達成に向けて、上司として支援できる事柄について整理する

面談をより有効なものにしていくためには、内容そのものだけでなく上司として心がけておくべきポイントがいくつかあります。

まず、面談の導入部は、相手の緊張感をときほぐし、話しやすい雰囲気を創出するために、気軽に答えやすい身近な質問を投げ掛けたり、悩むことがない「イエス／ノー」で答えられる質問をして、相手が声を出していくことに徐々に慣れていくような配慮が必要です。

また、面談の終了の仕方も重要です。具体的には、以下のような四点は、面談を締めくくるに際して必ず行うこととして心がけたいところです。

①話し合いの要点をもう一度確認しておく

話し合いの中で合意を得た事項と合意を得られずペンディングのまま残った事項を明らかにしておく。

②今後の展開を明らかにする

合意を得た事項、そうでない事項のいずれについても、これからどうしていくかを明確にする。

③質問を受ける

メンバーに言い残したことや疑念のないように、質問がないか必ず確認しておく。

④激励する

相手の気持ち、意欲をもう一度確認し、困った時はいつでも援助することを約束し、最後に上司から感謝の言葉を述べて終わる。

ところで、これまでのドラマの中で桜田は、なかなか上手に面談を展開することができているといえます。自分の意見を押し付けることなく、タイミングよく質問をし、相手に十分考えさせる間を取り、相手の話にきちんと耳を傾けることができていました。これは桜田が、上司である自分と、部下であるメンバーが面談をする時には「自分は『聴き手』である」としっかりと意識しているからです。

「聴き手」に徹し、相手の発言を促していくためには、「相手の表情の変化を読み取る」「タイミングよく相槌を打つ」「こちらの気持ちを身振り手振りで表す」といった言葉以外の「やり取り」を行うことが重要になります。その意味では、やはり「面談」は直接「面と向かって」行うことをお勧めします。現在、仕事上のミーティングが「オンライン」で行われることが多くなってきました。とはいえ、回線や機材的な制限は多く、まだまだ完全にスムーズというわけではありません。そうなると、どうしてもそれぞれの言いたいことだけを伝えることに陥りがちです。今後、技術が格段に進歩していくことは大いに期待できますが、「オンライン面談」が支障なくできるようになるまでには、まだ時間は掛かるかもしれません。
最後に面談を行う時の「上司としての留意点」を改めてチェックリストとしてご紹介します（図表18）。

図表18　面談時の上司としての留意点

①「聴き手」であることを意識する
上司はいつでも話ができるが、メンバーにとっては貴重な機会であることを十分意識する。
・相手の話の腰を折らず最後まで聴く。
・相手の発言に対してはうなずいたり確認したりして反応する。
・相手の顔、目、態度をよく見る。
・相手の言い分を理解したことを伝えたうえで自分の意見を言う。

②有効な質問をする
相手の状況に応じて、有効な質問を投げ掛け、相手が自ら考え、積極的に話をしていくことのできるような場作りに努める。

③絶対に自分の意見を押しつけない
メンバーの言い分を否定して自分の意見を押しつけたりあるいは説教したりしない。対等の立場でお互いの意見や考え方を理解し合う姿勢を忘れないことが大切である。

④誠意・熱意を示す
横柄な態度や逆にメンバーに迎合する態度、あるいは決められたことだから仕方なくやるといった態度では面談は成功しない。本当にメンバーのためを思いメンバーの向上を願うとの熱意や誠意があって、初めて面談を成功に導くことができる。

⑤感情的になることは厳禁
感情的になっては相手の本音を聞き出すことは絶対にできない。終始冷静で、しかも相手に対して親しさのあふれた態度を示していることが大切である。

⑥話し方・言葉遣いにも注意
速さや間の取り方、言葉づかいなどにも気を付け、わかりやすく、かつ、自信にあふれた態度で話すことが必要である。

▼「非正規社員」を含め、組織内の全メンバーに「目標管理」を展開する

さて、ドラマでは最後に渡辺との「目標設定面談」に臨んだ桜田が「ナベさんも『個人目標』を設定するんですよね」と驚く場面が出てきました。ドラマで桜田はなんとかごまかしていましたが、「えっ？　嘱託社員も『個人目標管理シート』を書くんだ」と思った読者の方も多かったのではないでしょうか。

少し踏み込んだ予想をしましたが、実は、「『個人目標』を設定するのは正社員のみ」という制度にしてる企業は結構多いようです。「正社員のみ」ですから、渡辺のような「嘱託社員」や「契約社員」「パート社員」「派遣社員」といった「非正規社員」の全てや一部を対象外とするという考え方です。

おそらくこの考え方は、「目標管理」を「組織マネジメントの仕組み」としてとらえず、「人事評価制度」の一部として位置付け、「人事評価の仕組みが違う社員は当然対象外」という表面的な理解のまま定着化しているものであると思われます。思えば、「組織マネジメントの仕組み」なのですから、当然その対象者である組織内のメンバーには、雇用形態にかかわらず全て同じ考え方で目標管理を行っていただきたいわけです。設定した目標の精度については、個人ごとにレ

ベルが違っていても問題ありません。要は、リーダーが組織マネジメントを行ううえで有効に活用できるかどうかに尽きるのです。

「元川商会」では、組織の正式な一員とはカウントすることができない「新入社員の入社後半年間の導入期間」を除き、少なくとも「嘱託社員」は正社員と同じ内容で「目標管理」を展開するようです。ナベさんの今期の活躍が楽しみになってきました。

第4章

進捗状況のフォロー

第1節

メンバーの支援・指導をタイムリーに行う

ドラマ

「つまり、『広告・宣伝』にいろいろ活用できるってことですね」

営業企画課のメンバー全員が集まった課会で、「モトカ・ステーション」の運営に関する渡辺の考えが紹介され、その内容を受けて開口一番、大野が声を上げたのだ。

「そのとおり。さすがに大野さん、呑み込みが早いね」と、渡辺も言葉が軽い。

「いえ、私も『広告・宣伝手法の企画』が自分自身の役割になってからできそうなことをいろいろと考えていたんですけど、『モトカ・ステーション』をきれいなショールームにしてディスプレイの写真を撮ることができれば、今までよりもわかりやすくて素敵なパンフレットや広報物を作ることができそうですよね」と、大野は言いたいことが抑えきれない様子で言葉を続けた。

「それに、『アンテナショップ』っていうことになればいろいろと新商品を試す場になるわけですから、顧客企業の皆さんにとっても大いに活用していただけそうですね」

「えっ？　それってどういうこと？」と、佐々木が即座に聞き返した。

「ねえ、渡辺マネジャー？　時々お店に立ち寄られる社長さんがいらっしゃいましたよね？」

大野は佐々木の問いにはすぐには答えず、渡辺に尋ねた。

「ああ、『たちばな商店』さんね。あそこの社長、時間を持て余しているのかな。月に一度は顔を出してね。『やっぱり直接品物を見ないとね』って。結局、お店では買わずに営業担当のほうに発注するんだけどね」

「でも、そうですよ。やっぱり自分の目で見て、手でも触れたいんですよ。そうじゃないと新しい商品にはなかなか手が出せませんもん。その役割を今までは『展示会』でやっていたわけですけれど、その代わりとして『モトカ・ステーション』が十分機能するんじゃないでしょうか」

渡辺の話に「わが意を得たり」とばかり大野は言葉を続けた。

「そうね。営業担当にヒアリングしても『展示会は、お客さんにとってタイミングがうまく合わないことも多いし、商品も総花的になりがちだ』っていう声が多かったわね」と、佐々木も話に乗ってきた。

「なるほど。いい視点だね大野さん。是非その視点で企画をまとめてみてよ。わからないことは渡辺さんや佐々木さんにどんどん聞いて、それから部内の営業担当にもいろいろ取材して」

　大野のはやる気持ちを後押しするように桜田は声をかけた。

「ところで、桜田課長。予算的にはどう考えればいいんですか？　渡辺さんは先ほど『お店の健全な運営』も目標の一つだとおっしゃいましたから、お店の『利益』に迷惑を掛けないようにしなければならないんでしょ？」

　佐々木がなかなか鋭い質問を投げ掛けてきた。

「そのことでいえば、『モトカ・ステーションの運営』について寺山部長と先ほどやっと話の決着がついたんだ。一応、運営経費についてはこれまでどおり『定番商品の仕入れ額』と包装紙といった『消耗品代』、それに『賃料その他の店舗に掛かる費用』と『人件費』。もっとも『人件費』は山崎さんたち派遣の販売員の方々についてだけで、ナベさんや僕らの分は入らないんだけど。以上がすべてで、『売上額』から差し引いて『できれは年間で赤字にならないようにしてほしい』というのが寺山部長の考えだった」

「でも、それって結構厳しいんですよね」と佐々木がさらに突っ込んで質問した。

「うん。でも『広告宣伝費』については昨年と同等の金額を部長としては見込んでいて、昨年の『展示会』やパンフレットの印刷代・送付代といったものに充てた金額が使えることになる。それが、さっきの大野さんの話のように昨年の『展示会』に代えて『モトカ・ステーション』を活用するとなると、結構いろいろなことができると思うんだ。それに…」と、桜田は言葉を続けた。

「うまくいけば、相乗効果でお店の売上も増えるかもしれないから、そうなると結構儲かるかもしれないよ」

「そうそう、オレもそう思ってたんだよ」

渡辺のいかにも軽い一言に、メンバー皆で大笑いをして、課会は明るく終了した。

「なんだか、二四時間ずっと仕事のことばかり考えているみたいだね」

大野との面談の場で、桜田から軽口が飛び出した。

六月の初旬、「『モトカ・ステーション』の広告・宣伝への活用」についての課会後、一ヵ月余りを経過し、大野からの要請で桜田は大野と打ち合わせの時間を持った。桜田としては、ちょうどいいタイミングだったので、大野と「目標管理」の「中間面談」を行う機会としても位置付けることとした。その中での「広告・宣伝手法の企画」の大野の話があまりに盛りだくさんだったため、思わず桜田の口をついたのである。

「何をおっしゃるんですか。ふざけないでください。そんなはずはないじゃないですか。ちゃんと新米ママもやっていますよ」と、大野の答は真面目な性格そのままだ。

「いや、ゴメンゴメン。よくまあ、こんなに発想が出てくるなと思ってさあ。だって『既存の顧客向けの月刊メールマガジン』に『新規顧客向けのWebサイト』でしょ。それに、『モトカ・ステーションを活用した月次のキャンペーン企画』。テーマも八月から三月まで八回全部考えてあるじゃない。『お洒落バインダーとペンの組合せ』『店舗内でネーム入れサービスはいかが？』『夫婦の記念日にペアのルーペを贈ろう』…、どれをとっても新鮮で、魅力的だと思うな。どこでそんなことを思い付くのかな」

桜田にとっては、本当に感心する内容である。

「ええ。とにかく『モトカ・ステーション』で何日かお客さんの動きを見ていると、気が付くことが本当に多いんです。課長はご存知でした？『モトカ・ステーション』には『レーザープリンター』があって、お客さんにちょっと待ってもらえれば購入いただいた商品の『名入れ』をその場でやって差し上げることができるんですよ。以前は『山の上百貨店』全体のサービスとしてやっていたらしいんですけど、今はウチとお隣の時計屋さんの専用機とさせてもらっているんだそうです。ウチはギフトが多いから『名入れ』を希望するお客さんが結構多くて。『他の文房具店では名入れをその場でやっているところがないから』ってわざわざウチに来てくれるお客さんもいるって、山崎さんも言っていました。山崎さん、機械の扱いも上手ですよ」

こういう話になると大野は本当に饒舌だ。しかし、どんどん思いが先走ってしまうような危うさも感じられる。

「なるほど。それで、大野さんが今、気になっていることはなんなんだい？」

桜田は話の方向を少し変えてみた。

「気になっていることって…」

大野は肩透かしを食らったような気がして、少し考え込んでしまった。桜田は、じっと大野の返答を待った。

「そうですね。そういえば、こういった企画を、営業担当の皆さんがどのくらい実際の営業に活かしていくことができるかということは、全然イメージできていないです。もっと言うと、営業の方に受け入れてもらえるのかなと」

「えっ？　それは、『自分の企画に自信が持てない』っていうこと？」

「いいえ、そういう意味ではなくて。なんて言うか、営業担当の方がどのくらい商品知識を持っていて、お客さんとはどんな関係で、いつもどんな話をしているのかを理解できていないということかと思います」

「なるほど。で、大野さんはどうしたいの？」

「そうですよね。もっと、営業担当の方に話を聞かなければならないですよね。それに、考えてみれば、私の重要なもう一つの『目標』は『営業担当の取り扱い商品の分析とそれに基づく商品勉強会の企画』でしたよね。そのことからいっても、もっともっと営業現場について理解しなければならないですね。課長、いろいろ教えていただきありがとうございます」

桜田としては、特に何かを教えたという感じではなかったが、なんだかすっきりした表情をしている大野の様子に、すり合わせの場を持ったことの意義を大いに感じることができた。

「ところで、竹内君の状況について改めて考えを聞かせてよ」

桜田は大野との「中間面談」を終える前に、大野のもう一つの役割である「竹内の指導・育成」について話を振った。「改めて」と言ったのは、「普段からいろいろと聞いてはいるが、『中間面談』の機会にきちんと聞きたい」というニュアンスを伝えたかったからだ。

「そうですよね。『竹内君の指導・育成』も私の重要な目標ですよね。でも、あまり心配していなかったんで、きちんと指導できていないかもしれませんね」

竹内の状況に対する大野の評価はおおむね以下のとおりである。

・竹内は「データの取りまとめ担当」という自分の役割に前向きに取り組むことができている

・頭がいいので呑み込みが早く、五月の「月次基本データ報告書」はほぼ間違いなく独力で作成することができた

・自分からどんどん質問し、理解をしてくれるので、大野としてもあまり手が掛からない
・この調子でいけば、「九月末には『データ取りまとめ担当』として一人前になる」という目標は、問題なく達成できるだろう

桜田も竹内が「五月次の基本データ報告書」を独力で作成していた様子を身近で見ていたので、大野の話は納得できる。とはいえ、大野が竹内のことをあまりにも心配していないことが気になるところであった。

「了解。じゃあ、近いうちに竹内君とも『中間面談』をするから、その時に竹内君の考えも聞いてみるね。何か必要なことがあったら大野さんにフィードバックするから、その時はよろしくね」

桜田は、大野に「竹内の指導・育成役」としての意識を改めて持ってもらおうと、最後の言葉を添えて、大野との「中間面談」を終了した。

大野との面談を終えてあまり間を置かないうちに、桜田は竹内との「中間面談」を行った。

「このところ営業企画課の仕事にずいぶん慣れてきたと思うけど、どう?」と、桜田は軽く尋ねてみた。

「いや、全然ダメです。難しいことが多くて、毎日一杯一杯です」

竹内の答は桜田にとって意外なものだった。

「『毎日一杯一杯』っていうようには感じていなかったけれど、どういうことなの？」

桜田の問い掛けに対する竹内の話は、おおむね以下のとおりであった。

・当初イメージしていたものに比べ、「基本データ報告書の作成」はかなり難しく、間違いないようにと必死である

・とにかく覚えなければならないものは多く、毎日が勉強である

・大野さんも佐々木さんも質問には丁寧に答えてくれるので大変ありがたいが、二人とも忙しくしているので、自分のことで手を煩わせることを申し訳なく思っている

・「九月までに『データ取りまとめ担当』として一人前になる」という目標の達成は大変で、強いプレッシャーを感じている

「なんだ、そんな風に思ってたんだ。でも、ここまでの仕事ぶりは本当に良くできていると僕は評価しているよ。大野さんも『五月次の基本データ報告書』のできについて感心していた。だから『全然ダメ』なんて思わなくていいからね」と、桜田は竹内の心配をできるだけ払拭してあげようと言葉を続けた。

「それに、大野さんや佐々木さんに遠慮しなくていいからね。二人はもっともっと竹内君から質

問や相談があってもいいと思っているんだ。もっと言うと、『竹内君から質問してもらわないと何を教えたらいいかわからない』っていうのが本音だと思うよ。二人とも結構忙しくしているのは事実だから、むしろ二人に『竹内君は何を知りたいのだろう?』って心配をさせるようでは確かに迷惑だよね。だからこそ、もっと積極的に質問していいからね」

「ありがとうございます。よくわかりました。今後は遠慮なく質問させてもらいます」

何度も繰り返した桜田の言葉に、竹内も納得がいったようで、最後は素直に理解を示した。

桜田は、この竹内との面談の話を大野や佐々木に改めてきちんとフィードバックしなければと、意を強くするのであった。

解説

▼「目標」を設定したことで、五感が研ぎ澄まされる

ドラマは、大野が課会で「『モトカ・ステーション』の運営の考え」について説明を受けたとたんに「『広告・宣伝』への活用のアイデア」を発想するところから始まっています。大野は、「広告・宣伝手法の企画」という「目標設定」を行って以降、常に「できそうなことをいろいろ考えていた」ということで、「『モトカ・ステーション』のショールーム」という言葉を聞いたとたんに「ピーンときた」のでしょう。

「序章」で紹介したように「目標管理」の大きな意味の一つは「『目的意識』を持って仕事に取り組むことができる」ことにあります。そして、「その『目的』に照らして『手段』を考える」という順番ですから、強い「目的意識」を持つことで、あらゆる物事を「何かに使えないか」という視点で見ることができるわけです。つまり、自分が触れた情報を簡単に見過ごすことなく、「研ぎ澄まされた五感」によってとらえ、活かしていけるようになるのです。

大野は、この「研ぎ澄まされた五感」によって次から次へと「広告・宣伝手法の企画」を発想し、桜田との打ち合わせで提案することができていました。桜田に「二四時間ずっと仕事のことばかり考えている」と軽口を言われていましたが、とにかく意識が常に鋭敏になっていますから、「モトカ・ステーション」にいる時はもちろんのこと、家で子供の世話をしている時も、「研ぎ澄まされた五感」がフルに働いていたのでしょう。

▼「中間面談」で進捗状況を評価し、今後に向けた課題解決を図る

ところで、大野のもう一つの重要な「目標」である「営業担当の取扱商品の分析とそれに基づく商品勉強会の企画」については、この「中間面談」の時点では、あまり進んでいなかったようです。おそらく「広告・宣伝」に気持ちが入りすぎてしまったことで、見えなくなっていたのかもしれません。面談で桜田から問い掛けられたことをとおして、改めて自分で考え、気が付くことができていました。

「中間面談」は、「目標設定面談」から「期末振返り」までの途中で進捗状況を本人と上司とですり合わせるためのもので、特に時期・回数とも決めることなくずい時行うことでも構わないものです。ただし、それでは、組織リーダーのマネジメントに対する意識によっては疎かになって

✜ 図表19　「中間面談」の位置付け

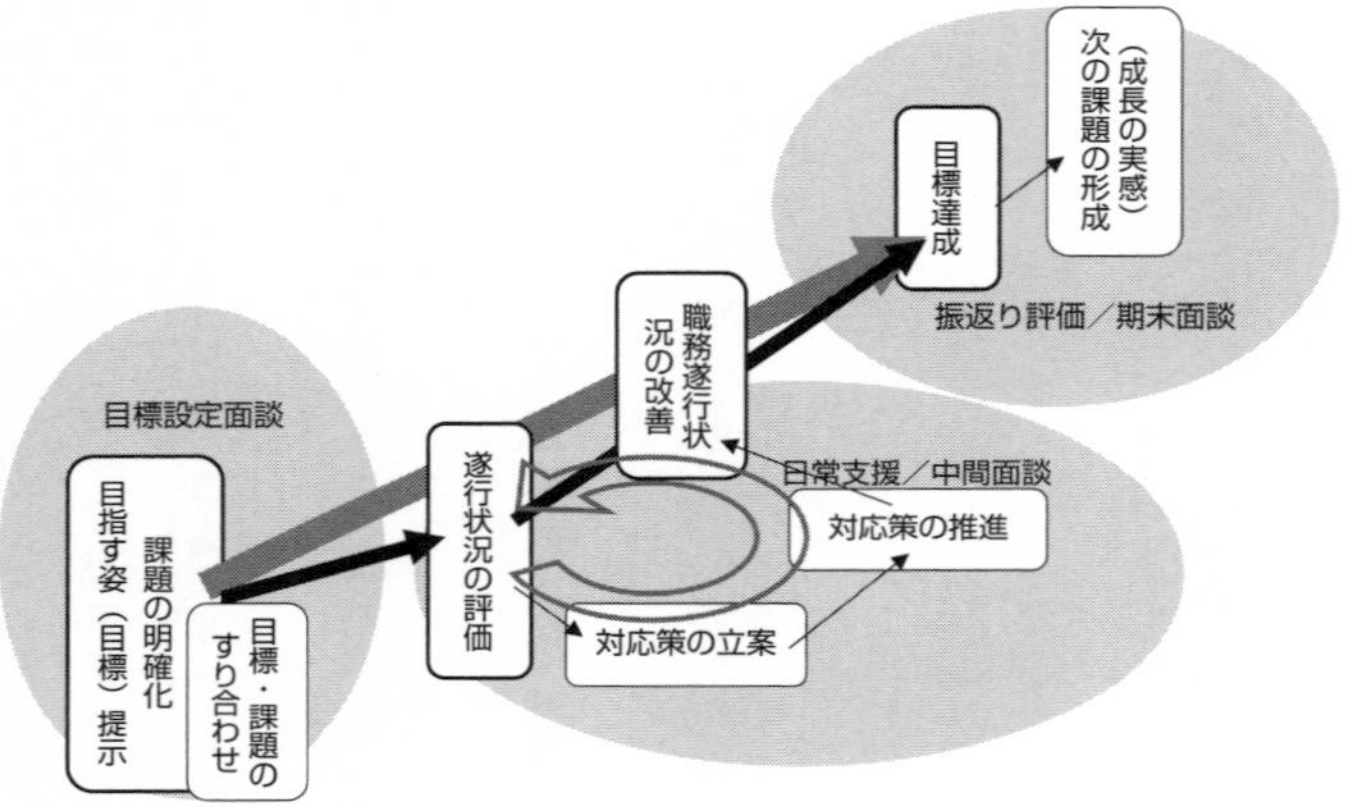

しまうことも懸念されるため、多くの企業では、ちょうど中間時あたりに実施することを義務付けています。

「中間面談」は、おおむね以下のような内容になります。

①面談時点までの目標の進捗状況について評価し、計画に対するズレや今後想定される問題点等を挙げる

②目標達成に向けて、ズレの解消、問題の解決を図っていくうえでの対応策を立案する

③状況の変化に応じて実行策を見直し、必要な場合は目標そのものの修正を行う

いずれにしても、重要なのは組織リーダーとメンバー自身がすり合わせを行って、十分に情報を共有し、期末の目標達成に向けて改めて動機を高めていくことです。

ドラマでは、「中間面談」によって、大野は自分が立案した企画を進めていくうえでの課題について気が付くとともに、「竹内の指導・育成」についても改めて振返ることができていました。また、竹内にとっては、これまでの仕事ぶりについて「本当によくできている」と桜田に高く評価してもらい、「大野や佐々木との接し方についての不安」を解消して、今後に向けてさらにレベルアップを図っていくことが動機付けられる機会となっていました。

▼日常場面で、タイミングよく支援・指導を行う

ドラマにおいて桜田は「中間面談」の機会を活用してメンバーの支援・指導を行っていましたが、いつも身近に仕事をしている間柄なのですから、実際には日常的なコミュニケーションを通じて支援・指導を行う機会は多いものです。

「中間」という時期にとらわれることなく、目標達成に向けたプロセスの区切りのタイミングはもちろんのこと、問題やトラブルが発生した場合は、できるだけ即時に対応することが求められます。その意味では、常に状況を把握し、必要に応じてタイミングを逃さずに支援・指導することを意識することが重要です。

✤図表20　日常場面で支援を行う機会

支援の機会	支援上の留意点
相談や意見・指示を求めてきた時	・自分自身はどうしたいのか、どう考えているのかを、本人から十分に話をさせる ・肯定的な態度で本人の考えを最後まで聞く ・本人が一つの考えにとらわれることなく、多方面から考えられるようにヒントを与える ・上司としての見解は、端的に伝える
結果・途中経過を報告してきた時	・結果だけではなく、結果に至るプロセスを本人に説明させる ・結果の内容に一喜一憂することなく、冷静に全ての内容を最後まで聞く ・結果に対する評価を端的に伝える ・結果に至った原因を本人に分析させる ・今後の展開方向や必要なフォロー策について、本人の考え・見通しを聞く ・プロセスの今後の展開方法について、上司としての評価・意見を端的に伝える
トラブルが発生した時	・緊急の場合は別にして、トラブルの解決をできうるかぎり本人に行わせ、その経験を通して学習していくことを期待する ・トラブルの内容を整理し、本人に原因を追求させる
組織内会議を開く時	・事前に準備をさせる（発表の要旨立案、配布資料作成等） ・発表を本人に任せ、途中で口を挟まない ・議事の進行、質疑の処理を本人にやらせてみる

「図表20」に「日常場面で支援を行う機会」を簡単に整理しましたので、ご参考になればと思います。

第2節

問題を発見・分析して、問題解決を図る

ドラマ

「全くダメ。『目標』の意味をわかっていないんだから」

六月も半ばに入ったある日、営業担当との同行で外に出ていた佐々木がデスクに戻るなり、かなり憤慨している様子で不満を口にした。それまで、営業一課の若手社員である川田の新規取引先への訪問に同行していたのだ。

佐々木は、営業各課の「新規顧客開拓」に営業企画課として少しでも貢献していこうと、まだ未整備ながら「過去の取引実績顧客リスト」を少しずつ揃え、営業各課に提供し始めている。また、より良い「営業先情報の提供」の内容・方法を確立するうえでの情報収集として、各課の課会にも積極的に参加しているのだ。そして、前日に行われた営業一課の課会で今回の顧客訪問の

話を聞きつけ、何かの参考になればと同行をお願いし、課長の染谷に承諾してもらったのだった。

「『営業先リスト』がまだきちんとできていないところで、新規顧客開発に苦労しているのはわかるけど。ああいうお店と新たに取引きしようと思うようじゃ、『営業担当失格』よっ！」と、佐々木の鼻息は荒い。

「どうしたの。まあ、詳しく聞かせてよ」

桜田は、佐々木を落ち着かせるように言葉を掛けた。佐々木の話は次のようなものだった。

・お店に行ったのはいいが、そこはまともに営業しているとは言いがたく、さびれていた

・品揃えも少なく古臭い物ばかりで、「元川商会」が一〇年も前に卸した筆記具も並んでいた

・確かに一〇年くらい前までは取引があり、それまでは比較的安定的に売上げていたようだが、今は自社ビルの賃料で生計を立てている様子で、「文房具店」としては開店休業状態だ

・店主もかなりの高齢で後継者もなく、もう少ししたら閉店するつもりだと自ら語っていた

・ところが営業担当の川田は「それでもまたお願いします」と強引に取引を迫ろうとする

・店主も情にほだされて「それじゃあ、少しだけなら」となりそうになったので、佐々木のほうで話を切り上げ、川田を引きずって帰ってきた

「それでも川田君たら未練たらたらで、『なんで邪魔するんですか』って言うんですよ。『僕たち

には顧客数目標があって、特に新規取引先としてのカウントに条件が付けられていないんですから、どんなところだっていいじゃないですか』ですって。なんのための『顧客数目標』か、本当に何もわかっていないんですよ」と、佐々木の怒りは収まらない。

「なるほど。そういうことか。それはうまくないね」

桜田は、あえて「ダメだ」ではなく、「うまくない」という言葉に置き換えた。

「つまり、今の『顧客数目標』には条件が付いてないので、営業担当にしてみれば『なんでもあり』になりがちだっていうことなんだね。それに、我々のほうから提供した『過去の取引先リスト』は、あくまでも以前の顧客情報で、現状はずいぶん変わっている場合があるってことだね」

桜田が丁寧に噛み砕きなおしたことで、佐々木も落ち着きを取り戻すことができた。

「そうですね。やはり『中規模取引の顧客を日本全国に広げる』という営業方針から考えると、『顧客数目標』は『継続的に取引が見込めるところ』といった条件を付けることを考えたほうがいいですね。それに…」

佐々木は、もはや「川田に対する怒り」を脱し、課題解決に向けて状況を冷静に分析できる心情に戻ることができている様子になっていた。

「それに、『過去の取引先リスト』についても、位置付けをもう少し明確にしたほうがいいですね。取引規模も業態も変わってきているかもしれないし、信用状況も以前とは違うこともありますよね。もちろん、それを営業企画課ですべて調査してからリストを提供するわけにはいきませんから、むしろ営業担当が訪問した際に営業先としてふさわしいかどうかを確認するための『チェックリスト』を作って活用してもらうのも一つの手かもしれませんね」

「いいねえ。その線でさっそく『企画書』と『チェックリスト』を作り、次回の部課長会で提案しよう」

桜田の言葉に、佐々木は背中を押された気持ちになった。

「今さら『目標』の条件を変えるのは、どうなんだろうか？」

桜田と佐々木はすぐに「『顧客数目標』の取引先としての条件」の整理を行い、併せて「訪問時に活用する『チェックリスト』」を仕上げた。そして翌週の第一営業部の部課長会に、桜田は佐々木を伴って参加し、その内容を提案した。そこで、まず異議を唱えたのが川田の上司である営業一課の染谷課長である。

「いや、私も今回のことは川田から聞いていて、確かに取引先として『いかがなものか』という気はするが、今期九月末までは特に条件を付けることなくここまでやってきているし、もはや商談がかなり進んでいるところもあるのだから、今さら皆に『こういうところはダメですよ』というのは難しいんじゃないかな」と、染谷はあくまでも冷静な言い方である。

染谷の言葉に、営業二課の谷川課長が同調して言葉を挟んだ。

「そうだよ。それに、川田君のような若手について言うと、『とにかくどんどん数多くチャレンジして、新規営業する度胸をつけろ』というのも必要なんじゃないの？　うちも課のメンバーにはそのように指導をしてるよ」

「そうなんですか？」と、今度は営業三課の山根課長が割って入ってきた。山根は福岡に出張中で、福岡オフィスからオンラインで会議に参加している。その場にいないことで会議の雰囲気がわからないこともあってか、結構はっきりとした言い方で、しかも大きな声である。

「そんなんでいいんですか？　結果として取引が継続しないことがあることは仕方がないとしても、それが初めからわかっているんだったら、私は『ダメ』って言いますよ。だって、『どんな顧客だって増やせばいい』っていうことを目指しているわけじゃないじゃないですか」

山根の声はますます大きくなってきた。

「それに、今回桜田君たちが提案してくれた『チェックリスト』はとてもありがたい。これがあれば、いちいち営業担当から細かい相談を受けなくてもよくなる。うちの課は地方に散らばっていてなかなかコミュニケーションを取ることが難しいから、結構苦労しているんですよ」

「そう言われても…」と、谷川は自分の指導の仕方を完全に否定されて意気消沈だ。染谷も山根の発言から言葉を発さなくなった。

山根の援護射撃があって桜田は意を強くし、佐々木に目で合図を送って大きくうなずいた。そして、その様子を見ていた部長の寺山が口を開いた。

「そうだね。それじゃあ、七月からはこの営業企画課で作ってくれた『チェックリスト』をうまく活用し、新規取引先をしっかりと吟味することを条件として、『顧客数目標』の実績をカウントすることとしよう。もちろん、これまで獲得した新規顧客や既に商談が進んでいるところについては、ノーカウントにしないけれど、課長の皆さんは、各営業担当がアプローチをしているところについて、しっかりと見てあげてください。営業担当は、『数値目標』が設定されるとどうしてもその達成だけに目が奪われ、その目的を忘れて走りがちです。そこに本来の目的・意味を思い出させることは上司である皆さんの重要な役割です。よろしくお願いします」

寺山の明快な結論に、会議の参加者一同、もはや反対意見を口に出す余地はない。

「それから、こうなってくるとますます『過去の取引先リスト』だけではアプローチ先が足りなくなると思います。営業企画課には『九月末までに一〇〇〇社分の営業先リストの提供』という目標を持ってもらいましたが、こちらも『数さえ出せばいい』というわけではありません。より価値のある『営業先リスト』の作成を目指し、もう一段階努力していただければと思います」

寺山部長の力のこもった一言に、桜田も佐々木も身の引き締まる思いであった。

「えっ！　応援派遣？　一ヵ月間もですか？」

七月に入って早々、桜田は寺山と谷川に会議室に呼ばれ、八月の一ヵ月に限って竹内を営業二課に応援に出してもらえないだろうかという打診を受けた。突然の申し出に桜田は思わず聞き返した。

「そうなんだよ。申し訳ないんだけれど、うち課の花澤がこの七月末で退職することになったんだよ。ほら、昨年の四月に中途採用で入社したヤツ。結構器用で『これは将来有望』と思っていたんだけど、いきなり先週になって退職願いが出てきて、『もう、次の就職先も決めた』って言いやがるんだ」

谷川の言葉遣いには、いかにも苦々しく思っている気持ちが表れている。

「それでね。一〇月からは今年の新入社員にある程度はお客さんを持ってもらえると思っているんだけど、それまでの『つなぎ』と言ってはなんだけど、竹内君に手伝ってもらいたいんだ。四月に担当を竹内君から花澤に動かしたお客さんもかなりあるし、担当替えをしたことをほとんど伝えていないということみたいだから、そうしてもらえたらありがたい。それに、どうせ営業企画課としてもあまり戦力になっていないんじゃないの？」

「何を言うんですか。竹内君は立派な戦力ですし、こちらとしてもいろいろと計画があるんです」

桜田としても谷川にそんな言い方をされたら、「はい、いいですよ」とは簡単に言いたくない。

そんな桜田の様子を見て寺山が言葉を挟んだ。

「まあ、無理にとは言わないけれど。部全体の状況から言うと、竹内君にお願いするのが最もいいかなとは思うんだ。竹内君が営業企画課で頑張っていることはわかっているから、課内でよく相談してもらいたいし、竹内君自身の考えも聞いて、判断してもらえればいいから」

「わかりました。考えてみます」と、答えて桜田はその場をあとにした。

営業企画課のデスクに帰り、桜田はまずは佐々木と大野を会議室に呼んで、寺山部長の話を説明して意見を聞いてみた。二人は一様に驚いたものの、意外にも「部長からの申し出を断る」という選択肢は持っていないかのような反応であった。

「そうなると、竹内君には七月はかなり頑張ってもらわないと九月末の目標達成は難しくなりますね。これまでの感じでいくと、九月末には相当なことをやってもらえると思っていたんですけれど」と、大野は落ち着いたものだ。

「そうね。私たちも八月はちょっと忙しくなるわね。夏休みの調整も厳密に考えないとね」

佐々木もすでに考えが先に進んでいる。

「ちょっ、ちょっと待ってよ。まずは、竹内君に確認して、話はそれからにしようよ」

「課長、何を言っているんですか。こういうことは上司が『どうする？』って聞いたって仕方がないんですよ。もはや『八月は応援に行くことになったから、それに向けて準備をして』と言うしかないんです。とにかく私たちはいかようにも協力できますから、竹内君にそう伝えてください」

佐々木に後押しをされて、すぐに竹内を会議室に呼び入れ、言われたとおりに本人に伝えた。

「わかりました。頑張ります。皆さんにはご迷惑をおかけしますが、よろしくお願いします」

竹内の答は驚くほどあっさりとしたものだった。しかも、すでに課のメンバーとのコミュニケーションの良さや気配りを感じさせるもので、桜田は竹内の確実な成長を改めて実感することができた。

解　説

▼「目的」を意識し、「目標」が独り歩きをすることを防ぐ

ドラマは、「顧客数目標」を達成するために「新規顧客」をなりふり構わず獲得しようとしている営業担当に対して、佐々木が憤慨するところから始まっていました。少し冷静になって考えればおかしなことだと気が付くのですが、実は「目標管理」において、このようなことは起こりがちなのです。

これまで本書では、「目標設定」のプロセスとして「会社・部門の方針・戦略」から展開し、「意味・目的を十分理解して目標を設定する」ことを紹介してきましたが、いったん「目標」が設定されると、今度は「目標」が独り歩きし、「目標さえ達成すればいいんでしょ」という状況に陥ってしまうのです。とくに、「目標」に対するプレッシャーを強く感じている者ほどそのような傾向が強く、とにかく目標達成に向けて自分なりにルールを解釈して「あの手この手」を考え、結果が組織全体に及ぼす影響には目が向けられなくなります。そうなっては始末に負えません。

そのような場合、まずは上司が適正に指導することが最も重要になります。ドラマでは営業担当の川田が佐々木に言われて「不満たらたら」でしたが、これが上司である染谷課長に言われたら、素直に従うしかありません。部長の寺山も会議の最後に「本来の目的・意味を思い出させることは上司である皆さんの重要な役割です」と指摘していました。

とはいえ、単に「上司の指導」というだけでは、上司自身が本当に目的を理解しているのかということもありますし、上司の指導力にも不安があります。そこで必要になってくるのが、「ルールの明確化・共有化」です。ドラマでは「新規顧客の獲得」に新たに条件を付け、その条件の「チェックリスト」を作成することで、改めて営業担当全員に「目的に適合した目標の達成」を周知することを展開しようとしていました。

▼状況の変化に応じて、「目標」を修正することをいとわない

ただし、そうなってくると期中に「目標」の内容を修正することになり、そのことに対する抵抗感が発生するのは必至です。ドラマでも物事を冷静に判断するタイプの染谷課長から「今さら条件を変えるのは、どうなんだろう?」と疑問が出されていました。

確かに、期中に目標を変更することのデメリットは多く、ドラマでも「上期は今の条件のまま

で進め、下期から変更する」という選択肢もあったかもしれません。その意味では、組織のトップリーダーである寺山部長の判断は重要です。寺山は、目標を修正することのメリットと、このまま続けることのデメリットを検討し、即座に「修正」を判断しました。そして、この判断には営業企画課の桜田と佐々木が、対応策としての「チェックリスト」を早めに提案したことが大いに寄与したものと考えることができます。

また、営業企画課にとっては、今回の提案が、「九月末までに一〇〇〇社分の営業先リストの提供」という営業企画課自身の「組織目標」の内容について「数さえ出せばいいというわけにはいかない」という条件の変更を発生させる結果となっています。こうなると桜田たちの仕事の内容も変わってきます。「過去の取引先リスト」を中心に考えていた佐々木としては、大きく舵を切らなければなりません。しかし、「目標の意味・目的」を考えれば、その必要性について佐々木は十分に理解することができていると思います。

▼「全体」の成果追求を優先し、「チーム力」を最大限に発揮する

期首には想定できない「期中の変化」はよく起こるものです。近年は毎年のように日本のどこかで自然災害が発生し、そのことがさまざまな影響を組織の仕事に及ぼしています。ましてや、

記憶に新しい「広域の大震災」や「感染症の爆発的流行」になると、もはや産業界全体に大きなインパクトを与え、「当初の予定どおり」には業務が推進できない事態に至ります。

そのようなものと比肩するものではありませんが、組織の仕事に影響を与える「予期しない期中の変化」の一つとして「構成メンバーの突然の欠員」があります。ドラマでは「営業二課の花澤の退職」が取り上げられていましたが、メンバーの欠員があれば、そのメンバーの「役割」を誰かが担う必要が出てきます。そして、そのことが組織全体の成果にとって大きな影響があるものであれば、そのための手を尽くすことになります。「部」の中は「課」という組織単位で構成されていますから、できれば「営業二課」の中で賄えればよかったのですが、今回はそうもいかず、「竹内を一ヵ月だけ応援派遣させる」ことが最も影響が小さい対処法であると部長の寺山は判断したのでしょう。

もちろん、「短期間の応援派遣」では対処できず、組織間異動を必要とする場合も出てくるでしょうし、そうなるとその対象者の「役割」は当然異なるものになり、「個人目標」を一から設定し直すことになります。また、異動者が出た組織内の他のメンバーにとっても、組織内の役割の修正が必要となり、新たな「役割・目標」を期中に付加することになります。

幸いにもドラマでは「一ヵ月間の応援派遣」で済みそうです。しかし、そうなるとその一ヵ月間の難局を組織メンバー全員の協力で乗り切っていく「チーム力」が求められることになります。営業企画課の大野や佐々木は、竹内の話を聞くとすぐに自分たちができることを考え始めました。営業企画課の「チーム力」の高さが感じられ、実に頼もしい姿です。

「チーム力」は、大きく四つの「構成要素」に整理して考えることができます（図表21）。四つのうちの「①メンバー全員の組織目標の共有」と「②合理的なフォーメーションの構築」は、すでに本書の「第二章」で紹介しましたように、「目標管理」の重要な要素で、組織リーダーのマネジメントプロセスとして、確実に展開していただきたいものです。そして、これらにプラスして、いざという難局を乗り切る「チーム力」の発揮には、「③組織の一体感」と「④メンバー間の仲の良さ」という二点が重要になります。ドラマでは、ここまでの期間に営業企画課の「一体感」と「仲の良さ」は十分に醸成されてきているようです。「災害時」のようなより過酷な難局においては、この二つの要素の重要さがさらに増すことはおわかりいただけると思います。

「①組織目標の共有」と「②合理的なフォーメーション」が「目標管理」のマネジメントプロセスである一方、「③組織の一体感」と「④メンバー間の仲の良さ」は、組織作りを通じた「気持ちの統合（絆）」によって培われるものです。本書ではこのことについての詳細な解説は割愛しますが、組織リーダーには、組織内のメンバーが一体感を持てるよう、そして相互に仲良くなれるよう、大いに腐心し、必要な施策を展開することを期待いたします。

✤ 図表21 「チーム力」の構成要素

4つの要素	意味	発揮されていない状態	仕事成果への影響
①組織目標の共有	組織として目指すもの、達成すべき明確な目標が、組織内のメンバーに共有されている	・組織として目指す成果が明確でなく、メンバーが理解していない ・目的意識が低く、組織としての成果を追求しようとする意欲が持てない	・メンバー個々の仕事の目的・方向性が失われ、適正な判断ができない
②合理的なフォーメーション	業務を進めていくうえで、メンバー個々の業務・役割分担が合理的に設計されている	・メンバーが自分の役割を的確に理解できていない ・メンバー個々の力量やメンバー間の連携を適正に反映させた役割設計になっていない	・個々のメンバーが力を発揮しても、組織全体の成果につながらない
③組織としての一体感	組織内のメンバーとそれ以外が明確に区分され、メンバー間に一体感がある	・組織の一員としての意識をメンバーが持っていない ・組織としての一体感がなく、組織の人間関係が希薄である	・組織の成果追求に向け、メンバーの力を結集させていくことができない
④メンバー間の仲の良さ	組織内のメンバー間で自ら協力し合って仕事を進めていく関係を築いている	・メンバー相互の有効な協力・助け合いをすることができていない ・自然に下位者を指導・育成していくことができていない	・メンバーの誰かの不調を組織内でカバーできず、組織全体の成果にマイナスの影響が出る

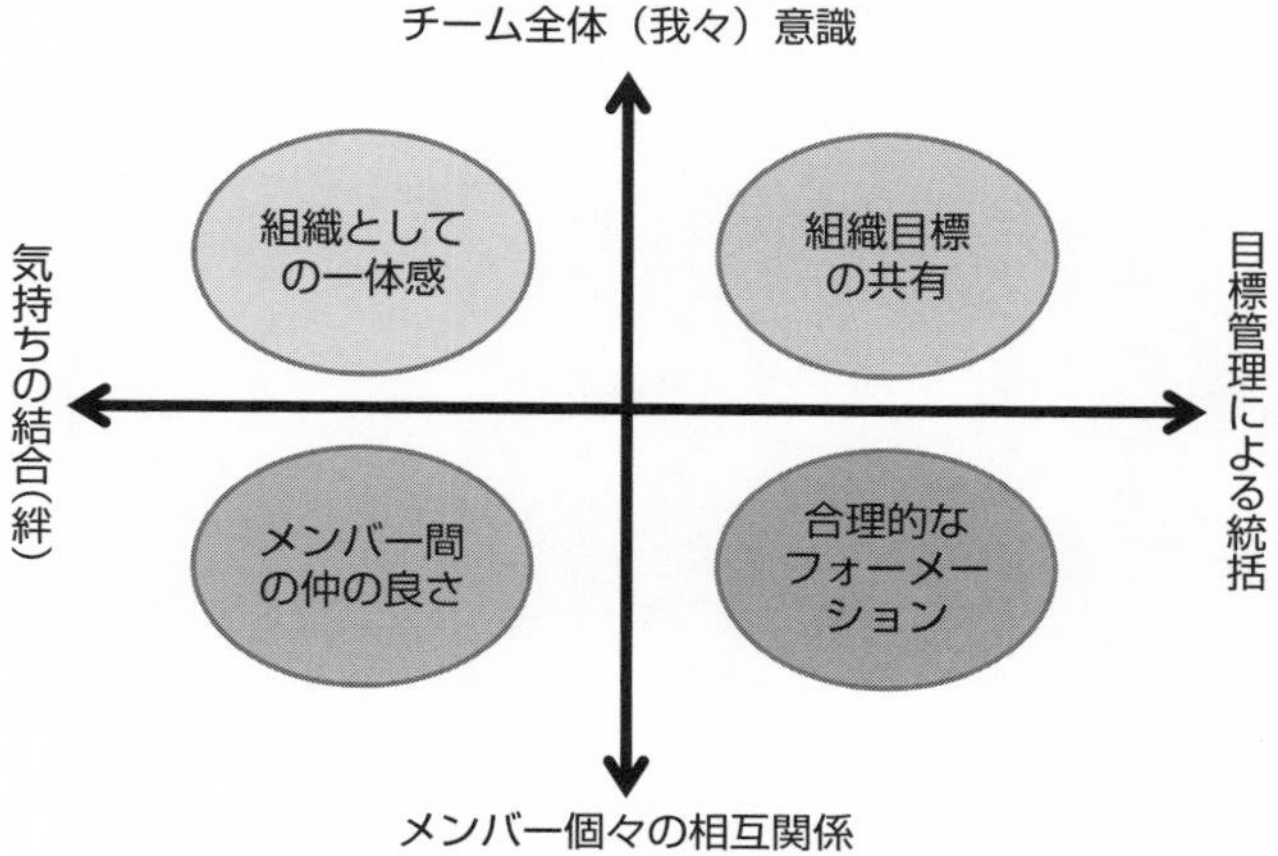

第5章

振返り評価

第1節

組織の成果とプロセスを振返って評価する

ドラマ

「営業企画課には、よくやってもらっているんだが…」

上期が終わる九月の最終日、第一営業部の「部課長会」が終了した後、部長の寺山が桜田に声を掛け、二人で会議室に残った。いわば、桜田にとっての寺山部長との「上期末の振返り面談」の機会である。寺山の一言目は自身の苦悩が感じられるものだった。

「そうおっしゃっていただけるのはありがたいのですが、いずれにしても『あまり貢献できなかった』というのが私自身の率直な気持ちです」

桜田としても寺山の言いたいことはよくわかった。とにかく第一営業部のこの上期の業績は決していいとは言えないのだ。「売上・利益獲得額」とも前年の実績額を確保しようとして設定し

✤図表22　第一営業部　上期末実績表

	上期実績	上期目標	達成率	前年実績	対前年比	年間目標	年間達成率
売上額（百万円）	685	700	98%	700	98%	1,900	36%
粗利額（百万円）	206	210	98%	210	98%	570	36%
顧客数（社）	478	600	80%	450	106%	1,000	48%
既存顧客取引							
売上額（百万円）	630	600	105%	700	90%	1,350	47%
粗利額（百万円）	189	180	105%	210	90%	405	47%
顧客数（社）	426	400	107%	450	95%	450	95%
新規顧客取引							
売上額（百万円）	55	100	55%			550	10%
粗利額（百万円）	17	30	55%			165	10%
顧客数（社）	52	200	26%			550	9%

た「上期目標」に対し、「達成率九八％」で前年を超えることができなかった。「既存顧客」との取引については「前年比九〇％、目標達成率一〇五％」と、前年を大きく下回ると覚悟していたことから考えると予想より健闘したが、「新規顧客」との取引については目標額に対して「五五％」にとどまったのだ。

「先ほどの部課長会での分析にありましたように、各営業担当の『新規顧客の開拓』がうまく進まなかったということで、『新規顧客数』も想定の半数程度でした。そのことで言うと、やはり営業企画課が提供している『営業先リスト』の有効性が低かったことが大きな原因であると思います」

桜田は営業企画課の責任者として、業績低迷の原因分析を述べた。

「そうなんだが、それでも『一〇〇〇社分のリストの提供』という当初の予定はきちんと果たしてくれた。どうしても『過去の取引先リスト』に頼り切ってしまった印象は否めないが、このところはいろいろと工夫してくれているようだから、その意味では『営業企画課としてはよくやっている』と評価している。営業担当の動きも個人差は大きいが、営業企画課で出してくれるようになった『顧客数データ』や『アプローチ顧客情報』をうまく活用してよくなってきているとも思う。だから、『取引顧客数を前期の倍にする』という戦略そのものが間違っていたんじゃないかなと思い始めていてね。それに、もしかしたら『中規模取引の顧客を日本全国に広げる』という中期経営計画の方針も見直す必要があるかもしれないな」

寺山から本音とも冗談とも取れない弱気な言葉が思いもかけず飛び出した。

「何を言っているんですか、部長！　戦いはまだ始まったばかりじゃないですか」と、桜田は即座に寺山の言葉を打ち消した。

「私としては、やり続けてみる価値はあると思いますよ。営業課長の皆さんも『もう少ししたら結果も出てくると思う』とおっしゃっていたじゃありませんか。まずは、今期はこの戦略をやってみて、それでもうまくいかなかったら、来期に見直せばいいじゃないですか。我々も有効な『営業先リスト』を見つけてくる手段はまだまだあると思っています。佐々木さんともそう話をしたところです。それに、下期はいろいろ『新商品』が投入される予定ですから、営業担当の動きも一段と拍車がかかりますよ」

「いや、ありがとう。桜田君にそう言ってもらえると頼もしいな。そうだな、我々のビジネスは後半型でこれからが本番だし、今期はもうひと踏ん張り頑張ってみないとな」と、寺山は思い直したように答えた。

「とにかく、全体的に営業企画課のこれまでの活動については、非常に評価しているよ。『モトカ・ステーション』の位置付けも明確になった。実績はまだ出ていないけれど、これから『広告・宣伝』にどんどん役立っていけそうな見とおしがついたんじゃないかな。それから『商品学習動画』の第一号もよくできていたと思うよ。ナベさんにも講師として活躍してもらったし、営業担当の『モトカ・ステーション』認知度もかなり上がってきているようだね。その意味では、もう一つの方針である『さまざまな種類の良い商品を提供する企業であることを顧客に浸透させる』について、来期には営業企画課から具体的な戦略を打ち出してもらうことができそうだな」

桜田から思わぬ激励を受けたことが影響してか、寺山の営業企画課に対する上期末評価は高いものであった。

「それでは、営業企画課の上期の振返りと下期の計画を整理して、改めてご相談にうかがいたいと思います」と、桜田は寺山の顔をしっかり見て挨拶をし、会議室をあとにした。

「半年経って、やっとかなりのことが見えてきたな」

桜田は営業企画課のデスクに戻り、パソコンを開いて期首に作成した「組織目標シート」を見ながらひとりつぶやいた。

「とにかく、皆ときちんと共有しないといけないから…」と、「組織目標シート」に新たに「上期末現状分析」の欄を挿入し、営業企画課のこの半年間の成果とプロセスについて列挙し始めた。

「まず『売上・粗利データの報告書の作成・報告』については、担当が竹内君に代わってもちゃんと納期を守って正確なデータを提供することができていたな。『顧客数データ報告書』もかなり早い段階で内容を整理することができていたから、今や「標準版報告書」として安定的にフィードバックができている…。」

桜田は一つひとつ丁寧にじっくりと時間をかけて記入していった。

「『広告・宣伝ツール』『商品勉強会』それに『モトカ・ステーション』については、予定より少し遅れ気味だけど、きちんと考えて構想することができたから、寺山部長もおっしゃっていたけど、下期の展開がかなりはっきりと見えてきて、よかった」

「うーん。こうなると、やっぱり残念なのは『営業先リスト』だな。結局『過去の取引先リスト』

以外のものを配付することができなかった。『一〇〇〇社分』という数値にこだわったわけではないのだけど、先に提供したリストを営業担当がさばききれていないこともわかっていたから、次のアイデアを新たに出していくことができなかった。下期の営業活動のことを考えると、どうにか早めに起死回生の一手を打たなければな」

桜田は、「組織目標シート（上期末振返り）」に、記入した「上期末現状分析」を踏まえ、今度は「年度末目標」と「下期の主要戦術・下位課題」の記述を行った。

「よし！　こんなところで皆の意見を聞いてみよう」

「それでは、上期を振返り、下期の課題を確認したいと思います」

翌日の一〇月一日、下期のスタートにあたって営業企画課のメンバー五人が全員揃い、課会が行われた。桜田は、作成した「組織目標シート（上期末振返り）」（図表23）を皆に配付し、さっそく議題に入った。

「皆さんも日頃から第一営業部の業績データは見ているからよくわかっていると思うけれど、上期を終えて『売上・粗利の獲得』は、予定を下回っている状況です。その中でも『新規顧客の獲得』は散々な状況で、『取引顧客数を前期の倍にする』という今期の部の戦略に赤信号が灯って

作成：20XX. 9. 30　所属：営業企画課　氏名：桜田　久

年度末目標	下期の主要戦術・下位課題
週次・月次の「売上・粗利データ」「顧客数データ」を営業担当別・顧客別に正確・タイムリーに作成・報告 12月までに「顧客分析」を行い、より営業活動に有効な「顧客データ」を整備して営業担当に提供 11月初旬までに「過去の取引先リスト」以外の見込みの高い「営業先リスト」を作成し、営業担当に提供	・営業担当から2～3名のメンバーを出してもらい、「顧客分析プロジェクト」を作る ➢週1回プロジェクトミーティングを実施 ➢「顧客分析」の切り口を収集 ➢分析結果の検討 ・新たな「営業先リスト」の評価・意見収集の場として「顧客分析プロジェクト」を活用 ・その他、新たな「営業先リスト」作成のための情報収集活動を積極的に展開 ➢メーカー、総代理店を取材 ➢大型ショッピング施設を見学 ➢各種通販サイトを閲覧…
月刊メールマガジンを月次で配信（第2号～第7号） 評価を反映してブラッシュアップ Webサイトを適宜更新 「モトカ・ステーション」新商品キャンペーンを成功させる（集客30社）	・メールマガジンの「アンケート・感想返信欄」を工夫して、幅広く顧客評価を把握 ・各課長・営業担当から取材 ・Webサイトの「問合わせ欄」を充実 ・「新商品キャンペーン」の広報活動を早めに展開（メルマガ、営業担当配付物）
「商品学習動画」を月次で作成し、営業担当に配信（全6回）	・営業担当から2～3名のメンバーを出してもらい、「商品勉強会プロジェクト」を作る ➢テーマを検討し、選定 ➢動画内容・展開への意見を収集、確認
年間営業利益の黒字化 キャンペーン期間以外の顧客フォローの場として活用（30件以上） 新商品の試験販売を展開	・ヒットが見込める商品を見極め、試験販売をすることで、売上額のアップを期待 ・「モトカ・ステーション　ファン」を営業担当の中に作る

✤ 図表23　組織目標シート（上期末振返り）

期間：20XX年４月～20XY年３月

主要任務	上期末目標	上期末現状分析
各営業課・営業担当者が有効に活用できる「業績進捗データ」のタイムリーな提供	週次・月次の「売上・粗利データ」を営業担当別・顧客別に正確・タイムリーに作成・報告 ６月末までに顧客数データの取りまとめ方法を確立し、報告書作成→フィードバックスタート	・週次・月次の「売上・粗利データ」の基本報告書ならびに営業各課からの要望への対応とともに正確・タイムリーに提供 ・「顧客数データ報告書」を６月より作成して提供、７月に一部手直し（標準版完成） ➢6/15部課長会説明→6/30営業担当より質問・意見収集→7/10修正
より多くの新規顧客を開拓していくために、営業先情報の収集・管理と情報提供の推進	「営業先情報」の提供内容・方法を確立（７月まで） ９月末までに1,000社分の営業先リストを提供	・「過去の取引先リスト」を作成し、テリトリーごとに各課に配付（５～９月毎月約200社、合計1,086社分） ➢リストからのアプローチ約600社、受注35社、営業中250社、見込みなし約300社 ・営業先でのヒアリング用「チェックリスト」を作成し、取引条件を設定（7/1）
顧客に対する「元川」の広告・宣伝のためのツール・施策の企画・推進	各種施策年間企画・スケジュールを作成（６月末まで）→企画に従って実行 広告・宣伝手法を企画・提案（９月末まで）	・9/16既存顧客向け月刊メールマガジン第１号を配信→顧客評価収集中 ・新規顧客向けWebサイト準備ほぼ完了（10/15アップ予定） ・「モトカ・ステーション」新商品キャンペーン企画（10月提案→11/7～23実施）
さまざまな商品を提供できるよう、営業担当の「商品知識」「顧客対応力」のレベルアップ	営業担当・顧客別の取扱商品分析を実施（７月まで） 「商品勉強会」を８月以降毎月実施	・7/31「分析報告書」部課長会提出 ➢取扱いの個人差が大きな商品を検出 ・9/23「商品学習動画①（バインダー&ペンの組合せ）」配信 ➢全営業担当が視聴済み
「モトカ・ステーション」の健全な運営管理	黒字運営（営業利益の確保） アンテナショップ／ショールームとして積極的に活用	・上期売上額：265万円、原価：120万円、運営経費：240万円 ➢営業利益：－95万円 ・7/30メールマガジン用撮影仕様に品揃えを変更し、ディスプレイ・レイアウトを変更

いるとも言えるでしょう。そこで、我が課の上期の状況を分析し、改めて年度末の『目標』を設定して『下期の課題』を整理してみました」

桜田は、「組織目標シート」の内容を一つひとつ丁寧に最後まで説明したあとで、メンバーからの質問や意見を聞いた。


「やはり問題は、充実した『営業先リスト』を提供できなかったことですよね。これが、部全体の『新規顧客獲得』の低迷を招いたことは明白ですので、私も非常に反省しています。とにかく下期は新たなアイデアをどんどん出していきたいです」

佐々木は担当者としてこの問題について日頃から桜田と共有しており、さすがに反応が早い。しかもすぐに前向きな姿勢を示すところが佐々木らしく、好感が持てる。

佐々木は、言葉を続けた。

「そうですね。課長が『下期の主要戦術』として掲げているように、営業担当を巻き込んで『顧客分析プロジェクト』を展開していくことは有効ですよね。竹内君、忙しくなるわよ」

「えっ？　僕ですか？」

佐々木に突然話を振られ、竹内はかなり面食らった様子である。

「そりゃそうよ、竹内君。営業担当の活動を支援していくのが我々の役割じゃないの。『売上・

粗利データ』も『顧客数データ』もそのためにやっているんでしょ。とにかく『顧客数を前期の倍にする』という戦略を成功させるために、我々営業企画課は、『各営業課・営業担当者がより高い業績を上げることができるよう、有効で価値のある資料・情報を提供する』という使命を担っているのだから、『顧客分析』を的確に行って、どんどん有効な情報を提供していかなくっちゃね。そういうことですよね。課長？」と、佐々木はもはや竹内の役割まで明確に想定している。

「そう。まさにそのとおりだね。竹内君にはこの半年いろいろ大変なこともあったけど、『データの取りまとめ担当』としてしっかりと役割を果たしてきてくれている。そのことでいえば、下期は佐々木さんの言うとおり、佐々木さんと一緒にもう一段階高い『営業データの構築』を担ってもらおうと思っているよ」

桜田の言葉に竹内は大きくうなずき、そして、小さな声で「わかりました」とつぶやいた。

「そうなると、こっちは『商品担当』かな、大野さん？」

渡辺がいつものように軽い調子で言葉を挟んだ。

「ええ。でも、どうなんでしょう。先ほどの課長のお話のように『広告・宣伝ツール』や『商品勉強会』にしても『モトカ・ステーションの活用』にしても、下期にやるべきことについては明確になったとは思うのですが、これらが営業企画課のもう一つの使命である『さまざまな種類の良い商品を提供していくことの実現に貢献する』には、まだまだつながっていない感じなのですが」

大野は、渡辺の発言には答えず、桜田に質問をしてきた。

「そうだよね。僕もそう思っているよ。そして、だからこそ、この下期の成果が大事だと思うんだ。上期はとにかくどんな枠組みがいいのかを考え、構築する段階だった。そして、下期は、それらを実践することそのものが『目標』になるよね。そうなると、下期の実践をとおして、今度はお客さんの反応や営業担当の動きの変化をつかんでいくことができる。そうなると、それからが本番だ」

桜田の言葉が力を帯びてきた。

「そうなると、その成果を踏まえて、来期にはより具体的な『広告・宣伝の内容』や『新商品の営業展開』を目標として掲げることができるようになるから、『さまざまな種類の良い商品を提供していくことの実現』に直接貢献していけるんじゃないかと思っているんだ」

「そうですね。わかります。長期的な展開ですね。そうなると、ますます下期が重要になってきますね」と、大野が答え、他のメンバーも大きくうなずいた。

「それにしても課長は読みが深いというか、視野が広いというか、本当に感心しちゃうなー」

渡辺が心から敬服した気持ちを声に出した。

「いやー。実を言うと、僕も昨日、寺山部長と話をしたあとにこのペーパーを書き始めてやっと気が付いたんです。これも皆が上期にしっかりと成果を出してくれたから、次の段階が見えてきたんですよね」

桜田の言葉に一同笑顔になった。

最後に、「個人目標管理シート」に各自「上期末振返り・自己評価欄」を記入して提出するよう桜田より指示があり、課会は終了した。

解説

▼「個人」よりも前に、「組織の成果」の「振返り」を行う

ドラマは、桜田が部長の寺山から、第一営業部の「上期末の振返り」を踏まえたうえでの営業企画課に対する評価を聞く場面から始まっています。部の運営計画は、四月から翌年の三月末までを「期」として展開していますから、「上期末の振返り」はまさに「中間レビュー」であり、ここで進捗状況の把握・分析を行い、必要な修正を図って、期末（年度末）に成果を出していけるよう「巻き返し」を図るタイミングになるわけです。

第一営業部が今期追求している「成果」は、「売上・粗利額」と「顧客数」で、その上期末における進捗状況はあまり芳しくなく、特に「顧客数」が予定を大きく下回っていました。そこで、その「プロセス」の発揮状況を分析するうえで、営業企画課が担う「新規顧客の開拓のための『営業先リスト』の提供」についての有効性が論じられていました。

寺山と桜田の話は、営業企画課に関係することのみでしたが、実際は、「部の成果」を追求す

るための「プロセス」として、各課がそれぞれの「任務」を担っているわけです。第一営業部の各営業課は、それぞれの担当エリアごとに担当顧客を持つという設定ですから、「部の成果」に対して「課（エリア）ごと・顧客の特徴ごとの実績」といった「プロセス」について分析され、下期に向けて解決すべき課題を形成することになるのでしょう。

つまり、「部の成果」から見れば、「課の任務」は「プロセス」ですが、その「プロセス」を果たしていくことが、今度は「課の成果」として位置付けられます。そして、その「課の成果」に対する「プロセス」の発揮状況を分析するというステップに展開していくことになります。

ところで、組織内のメンバー個々の「個人目標（メンバー個々の成果）」は、「課の成果」を上げていくうえでの「プロセス」としての「役割」に対して設定したものです。したがって、「個人目標」の振返りは、「課の成果」を上げていくために他なりません。ですから、当然、「組織の成果の振返り」を行い、その内容を組織内のメンバーで共有したうえで、「個人目標の振返り」を行うという順番になります。

▼「成果とプロセス」を分析し、「次のステップで目指すもの」を明確にする

ドラマで桜田は、寺山部長との面談のあと、「組織目標シート」を活用し、自分自身でフォー

マットを作成していました。そして、組織の「任務」一つひとつの「成果とプロセス」を振返って丁寧に「上期末現状分析」を行い、「年度末目標」と「下期の主要戦術・下位課題」を設定する作業を行っていました。

今期は「新生・営業企画課」で、課の「任務」と「上期末目標」を設定する際もかなり迷ったという経緯があります。その意味では、組織リーダー自身が、責任をもってここまでの「成果」をジャッジし、今後の方向を示していくことはとても重要です。そして、そのためには自分自身がしっかりと状況を把握し、確認しながら論理的に整理していくことが必要で、その内容を最も合理的に整理するための「シート」を桜田は改めて作成したというわけです。

組織の状況によって、この「上期末の振返り」で重要視されることは異なることが想定されますので、「目標管理制度」として一様に用意された「フォーマット」がうまく適用できるとは限りません。組織リーダー自身がその都度考え、工夫していくことが求められます。

▼メンバー全員で情報を共有し、次期のスタートダッシュを図る

ドラマでは、営業企画課のメンバーが揃った会議の場で、桜田が作成した「組織目標の上期末分析」のシートを配付し、内容を説明しています。そして、その内容について十分に皆で意見交

換を行っていました。

「課の成果」の状況を共有したうえで、今度は、その「プロセス」としての「メンバー個々の『役割』の履行状況の振返り」というステップに入るわけですから、この「共有の場」は非常に重要です。組織リーダーの「状況把握の内容」、「分析の信頼性」、そして、「改めて設定した目標」と「目標達成のための手段」の納得感、これらについて組織内のメンバー全員が十分に理解・共感することができれば、今度は、下期の「組織内の役割分担」を改めて設計し直し、それに基づいてメンバーの「個人目標」を設定するというステップに入るわけです。

組織としての「高い成果」の創出を目指し、次期のスタートダッシュを図るうえでも大事な会議の場であると位置付けられるのです。

第2節

メンバー個々の仕事を振返り、次期のレベルアップに活かす

ドラマ

「とにかく、もう少し早めに成果を上げたかったわ」

課会の翌日の午後、大野は自宅のリビングでパソコンを開き、自分自身の「個人目標」の振返り評価を始めた。この日は、子供の検診で病院に行くために「半日有給」を取得し、保育園に送って行ったあとは、オフィスには出社せず「在宅勤務」することを事前に申し出ていたのである。

「『竹内君の指導・育成』については本当に残念。八月一ヵ月間の不在がなければ、絶対に予定どおり達成したと思うのに。本人も悔しかったでしょうね。七月に応援派遣がわかった時点で、それでもなんとかなるかなと思ったけれど、そんな甘いものじゃなかったわね」

「それから、二つの『佐々木さんのサポート』については両極端になっちゃった。『施策の年間

企画』は『サポート』というより、むしろ『主担当』でやらせてもらったけれど、『営業先情報』は全く貢献できなかったわ。課会でも話が出ていたように、下期はこっちの仕事は竹内君にやってもらったほうがいいわね」

大野はぶつぶつと独りごとを発しながら、「シート」を作成していく（図表24）。

「とにかく、やっぱり悔しいのは『モトカ・ステーションの新商品キャンペーン』を九月中に提案できなかったこと。クリスマス商戦のことを考えると、どうしても一一月には実施しなければならないから、ギリギリのスケジュールよね。それに、『商品学習動画』を八月から配信できなかったことも悔やまれるわ。要は、八月に竹内君が応援派遣でいなくなってしまったことで、『データ作成』に手が取られたことが原因であることは確かなんだけど、それでもなんとかもう少しやりたかったな」

大野の言葉は少し愚痴っぽくなってきた。

「まあ、『メルマガ』や『Webサイト』にしても『モトカ・ステーションの新商品キャンペーン』や『商品学習動画』にしても、次期は、お客さんや営業担当からきちんと感想を聞いて、よりレベルアップをさせていかないとね。それから、できれば佐々木さんみたいに『部課長会』に出させてもらって、幹部職の皆さんとも直接意見交換できたらいいな。でも、そのためにはもっとプレゼンスキルを磨かないとダメね」と、今度は、下期のレベルアップ課題も明確になってき

大野　咲江　作成日：20XX年10月2日

目標達成のための実行策	上期末振返り・自己評価		上期振返り・上司評価	
	振返りコメント	評点	振返りコメント	評点
・データの活用方法を教授する ・4・5月中は基本データ報告書の作成内容をマスターしてもらう ・特殊集計については、5月までは大野が担当してOJT、6・7月は竹内君に任せ、支援する ・8月以降は全てを任せる	だいたい一人で担当できるようになったが、8月の不在が響き、「全て任せる」というところまではいかない	3		
・毎週佐々木さんと会議を行い、スケジュールを立てる ・他の業務とのバランスを考えながら具体的な業務を佐々木さんと分担する	毎週の会議には参加したが、ほとんど貢献できていない	1		
・独自にこれまでの施策に対する情報を取材し、効果分析する ・毎週佐々木さんと会議を行い、積極的に発言をする	展示会の代替として「モトカ・ステーション」の新商品キャンペーンを企画（提案は10月）	3		
・現状の広告・宣伝ツールの全体像と有効性を整理する ・あまり限定的にとらえず、さまざまな手法の可能性を考える ・毎週の課会で報告・提案を行い、早めに見通しをつける	メルマガ、Webサイトの年間企画を提案→承認済み（顧客評価を収集し、今後に活かす）「モトカ・ステーションキャンペーン」提案予定	3		
・毎週佐々木さんと会議を行い、「分析」の業務プロセスを構築 ・早め早めに部課長会に分析結果を報告し、意見交換を行って課題の形成につなげる ・「商品のスクラップ＆ビルド」も視野に入れる ・営業課・営業担当に取材し、商品勉強会のニーズを把握する	7/31「分析報告書」提出 9月より「商品学習動画①」を配信（8月は作成できず） 営業担当の評価を聞き、さらにいいものを目指したい	3		
・渡辺さんから情報収集し、要望に応える ・時間を見つけ、できるだけ店舗に行く	週に1度の頻度で訪問し、見学・販売支援をしている、運営上の貢献を行うことが課題	2		

✜ 図表24　個人目標管理シート（大野　上期末振返り評価）

20XX年4月～9月末（上期）　第一営業部　営業企画課

役割	現状分析	目標	ウェイト（%）
竹内君の「データの取りまとめ業務」の指導・支援・育成	竹内君は、「売上・粗利データ」についてはある程度理解しているが、「データの活用」「仕入れ業務の流れ」についての理解が浅い 作業が月末に集中しがちで、時間配分が難しい	竹内が一人で業務を担当できるようになり、9月のデータ報告書をミスなく作成	20%
「営業先情報」の提供内容・方法の確立について佐々木さんをサポート	休眠顧客リストが各課で管理されていないため、データの再整理が必要	スケジュール通りに業務遂行 必要なデータを正確に提供	5%
「各種施策年間企画」について佐々木さんをサポート	前期は10月に展示会を実施 有効施策についての分析を行なえていない	有効なアイディアの提供による貢献	5%
主担当として広告・宣伝手法の企画業務を推進	広告・宣伝ツールの全体像と効果がつかめていない 顧客の声をつかめていない	6月末には具体的な広告・宣伝手法を企画・提案し、実践の見通しを付ける	30%
主担当者として「取扱商品分析」を行って課題を形成し、「商品勉強会」を企画	各課・各営業担当の取り扱い商品・得意商品に差がある印象であるが、詳細な分析はない 営業担当主導の「勉強会」の出席率が低い 「新商品」以外の商品マニュアルが更新されていない	7月末をめどに「営業担当・顧客別の取り扱い商品分析」を作成し、課題を明確化 9月末には分析に基づき、有効な「商品勉強会」の具体的な実施企画を立案	30%
副担当として「モトカ・ステーション」の運営管理をサポート	店舗運営の詳細がまだ決まっていない 渡辺さんが忙しくオフィスに来られる機会が少ない	渡辺さんの支援業務を滞りなく行う	10%

た。

「『評点』（図表25）として『満足！』と言い切れるものはないわね！」

大野は、最後に付与基準を確認したうえで「評点欄」に一気に数字を記入し、作成し終わった「個人目標管理シート」をその場ですぐに桜田に送信した。

「なんだか、ずいぶん『自己評価』が低いんだなあ」

桜田は、大野から送信されてきた「個人目標管理シート」の「上期末振返り・自己評価」を眺めながら、心の中でつぶやいた。

「まあ、『目指している基準が高い』ってところだろうけど、僕の考える評点からすると、全部の項目でちょうど一点ずつ低い感じかな？」

桜田は、面談で大野がなんと言うかを楽しみにしながら、「上期振返り・上司評価」の欄を記入した。

桜田と大野は、翌日「振返り面談」を実施した。

✤図表25 「評点」の付与基準

5：極めて満足度が高いレベル
4：満足なレベル（目標達成レベル）
3：満足とまではいかないが不満足ではないレベル
2：全然ダメとは言わないが不満足なレベル
1：極めて不満足なレベル

いつものように、桜田はまずは大野にシートの内容について話をしてもらい、「うん、うん」と聞いていた。大野がそれぞれの項目の「評点」まで一とおり説明したところで、桜田が質問を投げ掛けた。

「うん。仕事の内容について、僕が理解していることとのズレはないし、次期に向けた課題もある程度明確になったね。ところで、『評点』が全て、僕が感じているのよりも低いんだけど、例えば、『竹内君の指導・育成』について、もし『評点4』を付けるとしたら、どんな状況の時だと考えていたの？」

「そうですね。当初に考えたように、竹内君が我々に尋ねることなく、『九月のデータ報告書』をミスなく作れるようになっていた時です。残念ながら竹内君は、八月末まで営業二課の仕事をしていて、八月の『データ報告書』は私のほうで作成しました。そのことがあったので、九月に帰ってきた時は、確認事項が多かったんですよね」

大野の答は明快ではあるが、いかにも厳しい。

「で、だとすると大野さんとしては、自分はどうすればよかったと思っているの？」と、桜田は質問を重ねた。

「うーん。今となってはどうすることもできなかったかなと思っています。八月の応援派遣のことを聞いた七月の時点では、なんとかなるかとは思ったのですが、ちょっと無理でした。それでも、竹内君がここまで成長したことは褒めてあげていいと思いますよ」

「そうだよね。教えるほうも教えてもらうほうも、相当なレベルのことができたと思うし、僕は十分に満足だから『評点4』は付けたいな」

桜田は、「上司評価」を記入した「個人目標管理シート」を見せて、自分の評点を示した。

「それから、『モトカ・ステーションのキャンペーン企画』も『商品学習動画の配信』も予定していたスケジュールよりも少し遅れたのは、八月に竹内君に代わって『データ報告書』の作成を担当したからでしょ？」

大野は、桜田の言葉にただうなずくしかない。

「それで、何か大きな支障は出ているの？『キャンペーン』は、一一月実施に向けてこれから大忙しだけど、とにかく『スケジュールとしてはなんとか大丈夫』っていう感じだよね。だとしたら、やはり僕としては十分満足できるな。もっとも『商品学習動画』は予定どおりに八月に配信できて、営業担当から高評価を上期中に確認できたら『評点5』を付けることができたかもしれないけれどね」

「それでは、私の『評点』は間違っているっていうことですか？」

桜田の評価が軒並み高いことを知り、大野の表情にも嬉しさがこぼれたが、それでも、まだ納得できないところがある。

「いや、あくまでも上司としての僕の満足度を伝えているのであって、とくに何か期中の仕事の中身の理解にズレがあるのであれば、それはすり合わせて解消しなければならないけれど、『満足度』はあくまでも自分自身の『満足度』なのだから、大野さんは大野さんの思ったとおりに『評点』を付けていいんだよ」と、桜田は答えた、

「なるほど、そういうものですか。でも、課長が高く評価してくださっていることはよくわかりました」と、大野は答えた。

「次は、『主任』への昇格を意識して下期の『役割』を考えようよ」

面談の終わり近くになって発せられた桜田の言葉に、大野は驚きを隠せなかった。

「えっ？　『主任への昇格』ですか？」

「そうだよ。そんなに驚くことはないよ」

大野の表情を見ても桜田はいたって冷静である。

「だって、この上期には、『後輩の指導・育成』や『広告・宣伝の新しい手法』や『勉強会』といった『新しい仕組みの企画』の主担当として立派に成果を上げてきているじゃない。こういった役割は、まさに『担当者』の段階を卒業して、『業務のリーダー』の役割を担うようになって

きているということで、次は『主任』を目指す段階まで来ていると思うよ」

桜田のわかりやすい説明に、大野も状況が呑み込めてきた。

「でも、いったい何をすれば『主任への昇格』ができるんですか？」

「だから、下期の『目標設定』だよ。わかっていると思うけど『昇格』の判断に反映する『等級評価』は、年に一度。下期の『業績評価』と一緒に三月末に実施することになっている。その時の評価の大きな要素となるのは『下期の役割のレベルと成果』なんだ。大野さんの場合、下期に『新商品のキャンペーン』や『商品学習動画』が展開されるのだから、『業務リーダー』として業務をけん引し、高い成果を出すことができて、その後の発展につながっていくようであれば、当然、『主任昇格』の基準はクリアすると思うな」

「そうですか…」

大野は、桜田の言葉によって体の芯から熱いものがこみ上げる感覚を覚えるのであった。

「もちろん、僕に最終的な決裁権があるわけではないから、僕が推薦したらかといって、それで決まるわけではないけれど、そのように考えているってことは、わかっていてもらいたいんだ」

「ありがとうございます。なんだかびっくりしたんですが、とてもやりがいを感じます。でも、私は『時短勤務』ですけど、それでもいいのでしょうか」と、大野は疑心暗鬼だ。

「何言っているの。勤務時間の長さと、役割のレベルとは関係ないじゃない」

桜田は大野の疑問を一蹴した。

「オーケー。それじゃあ、そういうつもりで『下期の役割マトリックス』を作成して、みんなと話をしたいと思うから、大野さんもいい『目標』を作ってね。下期もいい仕事をしよう！」

「振返り面談」を終えて、大野は、下期にさらに「いい仕事」をして自分自身もレベルアップすることを心に誓ったのだった。

解　説

▼「振返り評価」によって、次期の「課題形成」と「動機付け」を行う

ドラマでは、課会で営業企画課全体の「上期の振返り」を受け、今度は、メンバーの大野が、自分自身の「振返り評価」を行っていました。

「目標管理」における「個人目標」の「期末（ドラマでは上期末）振返り評価」を行うことの目的は、「メンバーの次期（ドラマでは下期）の仕事のレベルアップ」を図ることにあります。期首に、自分自身の「役割」を理解し、期末までにどんな成果を出すことを目指すかを考えて「目標」を設定しましたから、期末にその状況を「振返り評価」することで、次期にもう一段高い仕事を行うことを目指していくのです。

期末に「振返り評価」を行うことで「次期のレベルアップ」につなげることができるのは、大きく言うと二つのメカニズムが働くからです。一つは「分析による課題形成」、そして、もう一つは「総括することによる動機付け」です。

「振返り評価」では、期中の仕事の成果やプロセスを振返って、「何ができて何ができていないのか」を把握し、かつ、「どうしてうまくいったのか、うまくいかなかったのか」を分析します。そして、その分析によって「次期に取り組むべき課題」や「成果を追求するうえでのプロセスで解決すべき課題」を形成することができます。ドラマで大野も、「営業担当の評価を聞き、さらにいいものを目指す」「プレゼンのスキルを磨き、部課長会で意見交換をする」といった次期にレベルアップしていくうえでの課題を形成していました。

また、「振返り評価」には、「課題形成」するだけではなく、期中に仕事成果を全体的に総括し、「よくやった」のか、「まだまだ」なのか、メッセージを明快にすることで次期の取り組みを「動機付けていく」という機能があります。人間は、ポジティブな評価を得ることができれば「次期もこの調子でいこう」という気持ちが高まりますし、逆にネガティブな評価でも前向きな言葉によって伝えることができれば「次期は絶対挽回するぞ」というやる気が起きることが期待できます。この「動機付け」によって「次期のレベルアップ」が図られるのです（図表26）。

✤図表26　目標管理の「振返り評価」のメカニズム

なぜ、評価を行うと次期のレベルアップにつながるのか？

分析・課題形成	期中の仕事の成果やプロセスを振返り、「何ができて何ができていないのか」を把握し、かつ「どうして、うまくいったのか、うまくいかなかったのか」を分析することで、次期に取り組むべき業務課題や成果を追求していくためのプロセス上の課題を明確にして、その課題解決に取り組んでいくことで、次期のレベルアップを期待する
総括・動機づけ	期中の仕事ぶりを全体的に総括し、「よくやった」のか「まだまだ」といえるのか、上司としてのメッセージを明快に提示することで、次期の仕事にやりがいを持たせ、より高いレベルを目指していこうとする「動機づけ」を図る

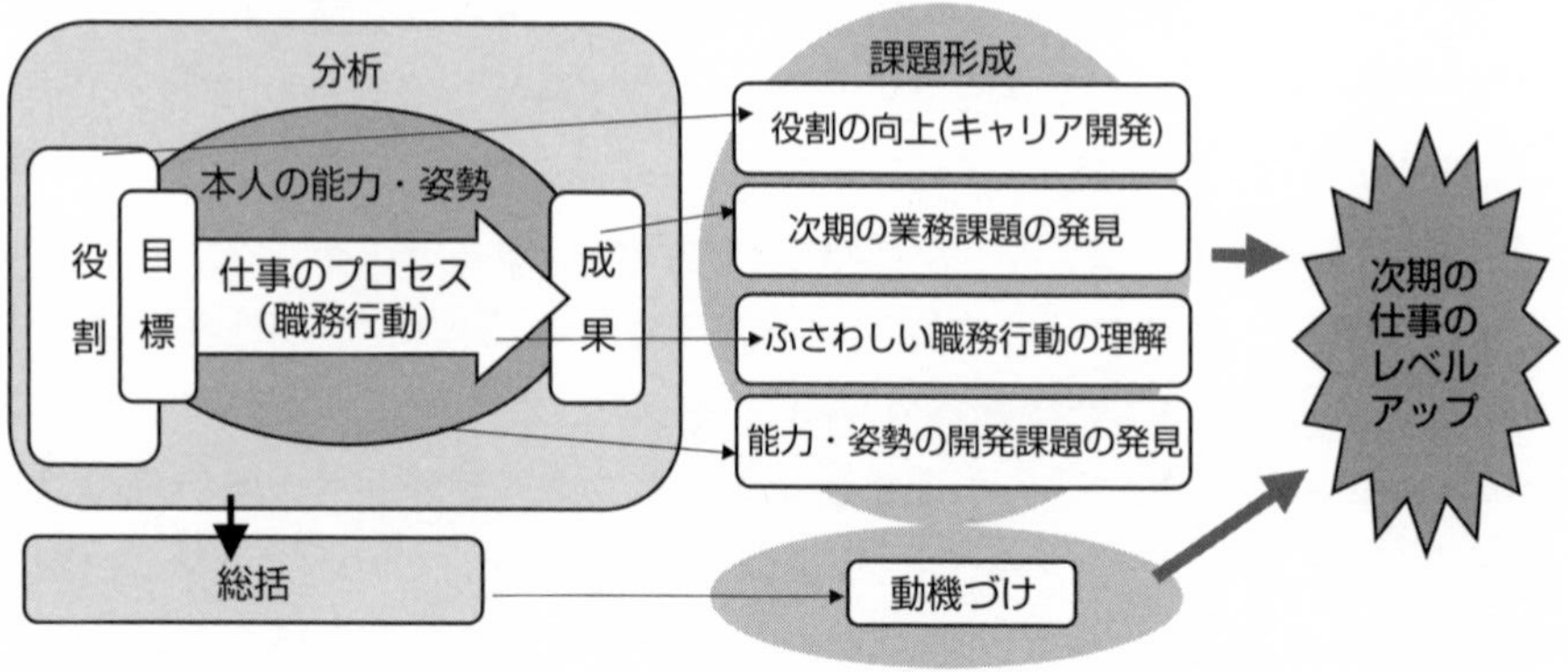

▼組織リーダーとして、「満足度」を明快に示し、メッセージを伝える

「動機付け」を行っていくうえでの「メッセージ」を端的に伝えるうえで、よく使われるのが「評点」や「評価ランク（標語）」です。「評点」は「メッセージ」ですから、その「評点」が持つ意味が明快に伝わらなければなりません。そこで、一般的にはドラマのような「五段階評価」が活用されます。

「五段階」ですから、「良ければ4」「特に良ければ5」となりますし、「悪ければ2」「全然ダメならば1」です。もちろん「評点3」は、「良いというほどではないが、悪いわけではない」というメッセージで、出現頻度としては最も多くなるイメージです。もし、これがもっと細かい段階区分の「評点」だとしたら、メッセージがストレートに伝わりにくくなります。「『一〇段階評価』で『評点7』はどのくらいのレベルメッセージなのだろうか？『評点8』とはどのくらい違うんだろうか？」といったことにもなりがちなのではないでしょうか。

ドラマでは、桜田が「五段階」の「評点」によって、大野に対して組織リーダーとしての自分の『満足度』のメッセージを明快に示していました。

ところで、「期末評価」は、あくまでも「目標達成度」に基づいて「評点」が決まりますから、

「満足度」で表すことに違和感を持つ方もいらっしゃると思います。「第三章・第一節」で紹介しましたように、目標は達成すれば「評点4」、つまり「満足だ（いいね！）」というメッセージを出せるようなレベルに設定することを原則としています。したがって、「達成度＝満足度」と考えていいわけです。

しかし、期中に発生した様々な事態の影響を受け、期末時に「達成レベル」がずれてしまうことはあります。ドラマでは、「竹内の八月の『応援派遣』」によって大野の目標にも大きな影響が出てしまいました。桜田は、このことを勘案して少し「達成レベル」を動かし、改めて自分自身の「満足度メッセージ」を伝えたのです。この「期中の変化を上司はどのように考えているのか」を期末に明確に伝えることも、「振返り評価による動機付け」を行っていくうえでは重要です。

▼事前に「自己評価」を行うことで、「面談」が創造的なものになる

桜田が上司として「満足度メッセージ」となる「評点」を付与したのに対し、大野も「自己評価」を行い、「評点」を付与していました。そして、桜田の付与した評点と大野の付与した評点には大きなズレがあり、そのことについて桜田は、「大野さんの思った通りに付けていいんだ」

✤ 図表27　「振返り面談」の基本的な流れ

① 本音で話せる雰囲気をつくる
② 期間中の「仕事の成果」および「仕事のプロセス」について本人の評価・考えの説明を求める
③ 本人の説明で上司として理解・納得できた点、見解が異なる点について上司から説明する
④ お互いに考えの相違点についてザックバランに話し合う
⑤ 話し合いの中から現状の認識を改めて相互確認し、今後どのような点を改善・向上させていくのかを整理する
⑥ 次期の仕事の取り組み方、レベルアップの内容について基本的な合意を得る
⑦ 次期の役割や目標設定の方向についてすり合わせを行う
⑧ 話し合った内容を確認し、上司からの励ましの言葉で締めくくる

と言っています。これは、どういうことでしょうか。

「目標管理」は、あくまでも「本人の自律的な仕事の推進」を目指すものです。そこで期首の「目標設定」も上司が押し付けるのではなく、自分自身で考えることを求めています。ですから、当然「振返り評価」も自分自身が「自律的」に行うことが大事なのです。

期末を迎え、自分自身の仕事を振返って「何ができて、何ができなかったのか」を把握し、「どうしてうまくいかなかったのか」を分析して「次期の課題形成」を行う。そして、自分自身の満足度を表明して自ら「動機付け」を行う。そのことは必ずやってもらいたいことです。

また、「目標管理」では、原則として「上司評価」の前に「自己評価」を行う順番としてい

✤ 図表28 「自己評価」を行うことの意味

① 状況の把握が多角的になり、評価の信頼性が増す

上司の一方的な視点だけではなく、本人の視点を加えることで、状況把握が多角的になり、より信頼性の高い振返り評価が期待できる。

② メンバー自身が自律的に仕事を進めていくことを促進する

自分自身で仕事の成果・プロセスを分析的に振返り、次期に取り組むべき課題を明確にすることで、自律的な仕事の仕方を促進することができる。

③ メンバー自身が仕事への動機付けを図ることができる

仕事成果に対する自分自身の満足度を表明し、自ら褒めたり、反省したりすることで、当期の仕事に対して決着を付け、新たな意欲を持って、次期に臨むことができる。

④ 上司として指導・支援していくうえでの目安を付けることができる

本人の仕事成果に対する満足度や仕事プロセスについての認識を上司が把握することで、上司として指導・支援していくうえでの目安を付けていくことができる。

⑤ 面談における創造的なコミュニケーションを促進する

自分自身も振返りをしていることで、上司の評価を一方的に聞くだけではなく、より積極的に傾聴でき、面談におけるコミュニケーションが促進される。

ます。そのことで、本人の認識や満足度を上司が把握することができ、「振返り面談」に臨むうえでの目安を付け、「ここは自分の認識とは違うから事実を確認しなければ」「ここはきちんと指導したい」といったことを事前に準備することができます。メンバー自身にとっても先に自分自身も「振返り評価」をしていることで、面談で上司の話を黙って聞くのではなく、自分の考えとの違

いを確認し、質問や意見をすることができ、「振返り面談」における会話がより創造的な内容になることが期待できるのです。

さて、この「振返り評価」で「目標管理」は一区切りがつきました。営業企画課も下期に向けて「組織の任務」を再整理し、「期末（下期末）目標」を設定しました。これからメンバーの役割を明確にして「役割マトリックス」を改めて作成します。そして、メンバー個々が「個人目標」を設定し新しい期の「目標管理」がスタートすることになります。

ところで、多くの企業では、「目標管理」の「期末評価」の結果は、「人事評価」に活用され、「処遇」に反映していくような仕組みになっています。そこで、本書でも次章を「最終章」として「人事評価への活用」について紹介いたします。

最終章

人事評価への活用

ドラマ

「本当にびっくりしたよ。是非『業績評価』に加味してもらいたいな」

一〇月も終わり近く、第一営業部では、部内の部課長が集合して上期末の「業績評価」を行ううえでの「すり合わせ会議」が行われた。四〇人近くのメンバーを要する第一営業部にとっては、朝から丸一日を費やすことも予想され、さすがに、リモート会議というわけにはいかない。

第一営業部の評価のすり合わせは、等級・年次が下の者から始まり、評価対象者として一人目は、営業企画課の竹内であった。桜田から「人事評価シート」「目標管理シート」の内容が一とおり説明されたあと、営業二課長の谷川から真っ先に冒頭のような援護射撃が飛び出したのである。

「いやー、八月の一ヵ月間、竹内君には助けてもらったよ。半年前とは大違いで動きもよかったし、何より仕事の意味をよくわかっている。単に手が回らないお客さんへの時候の挨拶訪問をしてもらうことだけのつもりだったけど、その場で新商品の受注もいただいたりして、うちの課の業績に大いに貢献してくれたよ。本当に半年前から考えれば驚くほどの成長で、さすが、桜田課長の指導のたまものだね。そのままうちに戻ってきてもらってもいいと思ったくらいだよ」

谷川の評価は、それほど大げさともいえない。

「谷川課長、ありがとうございます。そうなんですよ。竹内君は慎重なタイプなんで、きちんと理解するまでは、なかなか動けないところがあるんですが、理解したら本当にいい仕事をするんですよね。今期は、『目標の達成状況』だけを見ても『A評価』だとは思いますし、今の谷川課長のお話をうかがうと、『目標以外の貢献』を加味して『A+』で評価してもらってもいいんじゃないですか」と、桜田は、竹内の「人事評価シート」を示しながら、竹内の「業績評価」が少しでも高くなることを期待して言葉を重ねた。

「元川商会」の「人事評価制度」では、直属上司である課長が行う「一次評価」の後、二次評価者である部長の声掛けで一次評価者全員を集合させた「評価のすり合わせ会議」を実施し、その内容に基づいて「二次評価」を行う。その後、社内の二次評価者が集合して「全社すり合わせ会議」を行い、その内容を踏まえて社長が「最終評価」を決定して、その評価結果は冬季・夏季の「賞与額」に反映する仕組みになっている。一次評価は対象人数が少ないため、ざっくりと「S～D」の五段階で評価し、「二次評価」以降は、相対的な差を加味して一一段階に区分することで、「賞与額」により細かい差を反映させるのだ。

「桜田君の気持ちもわかるけど、そもそも、『目標達成』についても、『応援派遣の分を加味して

✤図表29　人事評価シート（竹内）

評価期間	氏名	竹内　知也	等級	一次評価者	二次評価者	最終評価
20XX年度上期	所属	営業企画課	担当職 初級	署名 桜田 久 20XX.10.26	署名	署名

●業績評価（仕事の成果）

		一次評価者コメント	二次評価者の視点
目標管理シートの内容	「目標の達成状況（よくできた目標、残念だった目標、等）」の総括 設定した「目標のレベル（難易度・重要度・ボリューム、等）」についての総括	「データの取りまとめ業務」の担当者として、「データ報告書」を正確に作成できるようになった。 大野の指導を受け、9月に完全に独りで担当できるところを目指したが、8月に営業二課への応援派遣があったことが影響し、目標はやや未達。（ただし、十分に高いレベルであるといえる。） 佐々木のサポート役として「顧客データの取りまとめ」「営業リストの提供」に貢献。 渡辺や大野とも円滑にコミュニケーションを取り、「モトカ・ステーション」の運営も期待どおりに貢献。	
目標以外の貢献	目標項目以外で評価すべき貢献（職場目標・全社運営等への貢献、他者への支援・協力、等）	営業二課からの要請により、8月の1ヵ月間応援派遣で顧客フォローを担当。 前向きに業務に取り組み、無事、任務を全うした。	

S：等級から見て、著しく高い業績貢献度であり、満足度はきわめて高い
A：等級に標準的に期待される業績レベルを上回っており、満足度は高い
B：等級に標準的に期待される業績レベルには達しており、ある程度満足できる
C：等級に標準的に期待される業績レベルに達しておらず、満足できない
D：等級から見て、著しく低い業績貢献度であり、大変不満足である
（一次評価では「5段階」、二次評価以降は「11段階」で評価する）

一次評価	二次評価	最終評価
A		

●役割発揮レベル

	一次評価者コメント	二次評価者の視点
「等級基準」から見た現等級としての特徴（できてること／不充分なこと） 今後の昇格に向けた課題	自身に任された役割を正確と果たしていこうとする意欲を持ち、前向きに業務に取り組んでいる。 慎重に物事を進めていこうとする性格で、動き出しは遅いところがあるが、やったことの成果は信頼ができる。 職場のメンバーとも円滑にコミュニケーションが取れるようになってきた。 役割のレベルをさらに高めていくことを期待する。	

●等級評価（下期評価時のみ記入）

S：等級に標準的に期待する水準を大きく超え、一段階上位等級に相当するレベルである
A：等級に標準的に期待する水準を超えるレベルである
B：等級に標準的に期待する程度のレベルである
C：等級に標準的に期待する水準には満たないレベルである
D：等級に標準的に期待する水準からは大きく劣り、一段階下位の等級に相当するレベルである

一次評価	二次評価	最終評価

●昇格・降格申請（下期評価時のみ記入）

1．昇格・降格を申請しない
2．昇格を申請する
3．降格を申請する

一次評価	二次評価	最終評価

✤図表30　「元川商会」の「業績評価」の「評価ランク」

一次評価 5段階	二次評価～ 11段階	レベルイメージ
S	S＋	（S評価の中でも、極めて高い業績貢献度である）
	S	等級から見て、著しく高い業績貢献度であり、満足度は極めて高い
A	A＋	（A評価の中で、比較的S評価に近いレベルである）
	A	等級に標準的に期待される業績レベルを上回っており、満足度は高い
B	B＋	（B評価の中で、比較的A評価に近いレベルである）
	B	等級に標準的に期待される業績レベルには達しており、ある程度満足できる
	B－	（B評価の中で、比較的C評価に近いレベルである）
C	C	等級に標準的に期待される業績レベルに達しておらず、満足できない
	C－	（C評価の中で、比較的D評価に近いレベルである）
D	D	等級から見て、著しく低い業績貢献度であり、たいへん不満足である
	D－	（D評価の中でも、極めて低い業績貢献度である）

A評価』なんじゃないのかな？　本来だったら「期待には惜しいところで達成していないのだからB＋」ってところだと思うけれど」と、営業一課の染谷課長が冷静に言葉を挟んだ。

「そうですか？」と、桜田としては、やや不本意である。

「そうだね。染谷君の言うとおりかもしれないな。竹内君も二年目としては、高い目標にチャレンジしてもらい、『業績評価』としても充分高く評価したいけれど、『A＋』は少し高いかな？　ここは『A評価』としておいて、あとで全体的に調整してみることにするけど、どうかな?」

部長の寺内の言葉で、竹内についてのすり合わせに、一区切りをつけた。

「全体的に少し『寛大化傾向』になっているんじゃないの?」

等級が最も低い竹内たち『担当職初級』の「すり合わせ」を全員分終え、次の「担当職上級」に議論が移った。桜田が説明した大野の「人事評価シート」と「目標管理シート」の内容を見て、やはり染谷から意見が出たのだ。

「だいたい、大野さん自身の『目標管理シート』の『自己評価』に対して、桜田君の『上司評価』はどれも一段階高いじゃない。桜田君が営業企画課の仕事に不慣れで、大野さんを頼っているのはわかるけれど、『A評価』はちょっと高すぎだと思うよ」と、染谷は手厳しい。

「いえ、とくに『高すぎる』とは思っていません。『目標管理シート』の『自己評価』は、むしろ大野さんが厳しく評価しすぎていると思います。よく見ていただければわかるのですが、確かに当初のスケジュールよりも遅れ気味になっているものがありますが、これらは年間スケジュールに照らせば、決して遅れているわけではありません。これらは、竹内君が八月一ヵ月間不在だったことで、どうしても大野さんの手が取られてしまった結果に過ぎないのです」

桜田は、ここぞとばかり、他の部課長に力強く訴えた。

「それに、今期の彼女の役割は、どれも営業企画課としての任務の『主担当』を担ってもらっているもので、『業務リーダー』として十分なレベルです。これらの役割について、とくに私や佐々木さんの支援を受けることなくやり切ることができたのですから、私は高く評価しています」

「なるほど、そういうことですか。我々としては、大野さんがどのくらい活躍したのかが直接わからなかったので判断できませんでしたが、桜田君がそう言うのなら、あながち『寛大化傾向』ということもないのかな」と、染谷が理解を示した。

「それでは、『A評価』としましょう。ただし、下期は是非、我々に対して彼女自身から直接プレゼンをしてもらいたいところですね」

「はい。本人にもそう伝えています」

寺山の言葉に、桜田は自分の考えが皆に通じたことがわかり、胸をなでおろした。

「すり合わせ会議」も終盤になり、最も議論が白熱したのが、営業二課のベテラン営業担当の望月の「業績評価」についてである。「売上目標達成率『一三五％』」という抜群の成績に「S評価」を付けた谷川に対して、営業三課の山根課長が異議を唱えたのだ。

「そりゃ、『売上目標』の結果については、文句はありませんよ。でも、『新規顧客の獲得』は、

『0件』じゃあないですか。それに望月さんは『どうせ、業績評価の中でのウエイトはそんなに高くないんだから、俺は、新規顧客開拓なんてやらないぜ』って周りに言いふらしていたっていうじゃありませんか？　うちの連中なんかにも悪い影響があって、こちらとしてもいい迷惑だったんですよ。そのへんは、『業績評価』を低く付け、きちんと本人にフィードバックするべきですよ」

山根の言い分はよくわかるが、谷川としては、自分自身が望月のそのような状況を見過ごしていた負い目もあり、山根の意見を素直に受け入れるわけにはいかない。話は、平行線をたどってしまい、結果として、寺山が判断を示さなければならなくなった。

「谷川課長には、やはり、望月さんには期中に注意してもらいたかったですし、下期は絶対に改善してもらわなければなりません。上期についても『他の営業担当に対する悪影響』を鑑み、『目標以外の貢献』としてマイナス評価を行うことも考えられますが、ここは、谷川課長の今期の指導が至らなかったと考えて、そこまではしません。ただし、『新規顧客開拓0件』はいくらウエイトがあまり高くないからと言っても『最低評価』ですから、そのことを総合的に評価すると、『業績評価』としては『S評価』とすることはできません。したがって、今回は『売上目標達成率』が最高だったとしても、望月さんは『A評価』にとどめることにします」

寺山の明快な回答に、一同は納得し、改めて評価の考え方を共有することができたのだった。

「さて、下期末の『昇格候補者』を挙げておこうじゃないか」

部のメンバー全員の「業績評価」を一とおり終え、寺山が会議の参加者に声を掛けた。

「この上期末は、『業績評価』だけですけど、下期末は『等級評価』を行って、等級の『昇格推薦』も行います。『昇格』となると、それなりの確信が必要ですから、今のうちに我々の中では情報を共有しておきたいと思います。それでは、課ごとに紹介してください」

寺山の言葉に各課長から順番にそれぞれのメンバーについての話が紹介され、最後に桜田の番が回ってきた。

「営業企画課では、昇格候補者は二名います。一人は大野さんです。大野さんは、先ほどの『業績評価』のすり合わせの時にもお話ししたように、今期から『業務リーダー』としての役割を担ってもらっていますので、『指導職初級』に昇格させて、『主任』とすることが期待できるレベルだと思っています。あとは、それらの役割を果たしていくうえで、部課長の皆さんへのプレゼン能力や他の課のメンバーに対する折衝力を磨いていくことが必要だと思っています。そこで、下期からは大野さんの担当テーマの時には、部課長会に同席させたいと思いますので、よろしくお願いいたします」

✤図表31 「元川商会」の等級段階と等級定義

等級（呼称）	等級定義	
	組織的役割	専門的役割
幹部職1級	部長以上に相当する役職者として、担当する組織のマネジメント業務を行うとともに、会社全体を運営していく幹部として経営者を補佐・代行し、主体的に全社運営に関与する	会社の事業分野もしくは経営管理の専門分野における広範囲の知識・見識を持ち、将来を見据えて、運営責任者としてのビジョンを打ち出し、適正な判断を下しながら、主導的に業務を推進する
幹部職2級	副部長もしくは、それに準じる役職者として、担当する部組織の運営管理責任を担い、部長を補佐・代行してマネジメント業務を担う	所属する組織における関連する専門的分野についての広範囲の見識と中長期的な視点から自分なりのビジョンを持って、適切な業務判断を行う
幹部職3級	課長・所長、もしくはそれに準じる役職者として、担当する課組織のマネジメント業務を主体的に行うとともに、上位役職者のマネジメント業務の補佐・代行を担う	所属する組織における担当専門業務についての高い知識・技術と、関連領域における広範囲な情報を持ち、中長期的な視点から主導的に業務を推進する
指導職上級（主任）	所属組織内のリーダーとして、上位役職者の指示・指導を受けながら組織のマネジメント業務の補佐・代行を担う	担当する専門業務のリーダーとして、高い見識を持ち、高度な専門技術を発揮して主導的に業務を推進する
指導職初級（主任）	所属組織内における指導役的な立場で、メンバーに対する支援、教育・アドバイス等を行うとともに、上位管理者のマネジメント業務の支援を行う	担当する業務分野における中心的な担当者として、専門性の高い知識・技術を発揮して新たな課題に取り組み、主導的に業務を推進する
担当職上級	所属組織のルール・規程に準拠して、主体的にチームワークを推進し、組織の生産性の向上に貢献する	一定範囲の業務担当者として、担当するビジネスを進めていくうえでの基本的な知識・技術を有し、自らの創意・工夫を発揮して、意欲的に業務を推進する
担当職初級	会社の行動規範や所属組織のルールを理解し、組織のメンバーの一員として積極的に上司・同僚に協力する	比較的限られた範囲の業務担当者として、ビジネスの基本を理解し、上位者からの指示・指導に従いながら、前向きに業務を遂行する

桜田の話に、寺山が一番初めに大きくうなずいたことで、皆も理解を示す言葉を口にした。

大野の話に次いで、桜田は話を続けた。

「もう一人は、佐々木さんです。佐々木さんは、『指導職上級』の『主任』として私の補佐を十分にやってもらっていますし、部内の各課のメンバーに対するリーダーシップも十分に発揮しています。その意味では、私が異動してこなければ、当然佐々木さんが営業企画課の課長になったと思います。ですから、いつでも課長になれるように、来期には『幹部職三級』に昇格させたいと思っています」

「それじゃあ、桜田君は、佐々木女史はもう『課長』になれるレベルだっていうの?」と、山根が聞いてきた。

「すぐになれるかどうかはわからないのですが、もし、『課長』のポストの必要性が出てきた時にいつでも登用して力量を試していくことができるように、『幹部職三級』に上げることでもいいんじゃないかと思いまして…」

「それは考えが間違ってるな」と、染谷が桜田の話に割り込んできた。

「『幹部職三級』は、『課長レベルの一つ前の等級』じゃなくて、『課長レベルの力量を発揮している等級』なんだよ。結果としてポストがなければ登用はされないけれど、課長じゃなくても『課長と同等の役割を果たすことができている』という評価があって初めて昇格する等級なんだ。桜田君自身だって、総務課の中で『課長と同等の役割を果たすことができている』と評価されたからこそ去年の四月に昇格したんじゃないか」

染谷の説明を聞いても、桜田には今一つぴんと来ないところがある。

「でも、営業企画課の中で、『課長と同等の役割』と言われても…」

「なんだ、桜田君。さっきの話はそういうことを考えていたんじゃないのか」

今度は、部長の寺山が割り込んできた。

「先ほどのすり合わせ会議で、佐々木さんには、来期は『顧客分析プロジェクト』の統括を任せると言っていたし、営業企画課が『顧客担当』と『商品担当』にチーム分けするみたいなことを言っていたので、てっきり桜田君の中長期的な構想として、営業企画課の影響力をますます高め、『顧客開発課』と『商品開発課』の二つに分けるつもりなのかと思っていたよ」

「えーっ。そうなんですか?」と、桜田は思わず大きな声を出した。

「『えーっ。そうなんですか?』じゃないよ。ああ、その時は『顧客開発課』の課長が佐々木さんで、桜田君も偉くなって副部長として『商品開発課』の課長を兼務するのかなあって、僕らはみんなそう思ったんだぜ」

山根の言葉に、一同から「そう、そう!」と笑い声が上がった。

「まあ、いずれにしても、佐々木さんには、そういうキャリアアップを視野に入れて、下期は『顧客開発』について、けん引してもらおうじゃありませんか。もちろん、桜田君の素晴らしい指導・支援を期待しているからね」

寺山の言葉に、桜田は身が引き締まる思いであった。

「さあ、それじゃ今期も、来期も、再来期も、『いい仕事』をしていきましょう！」

寺山が最後に声を掛けて、長い会議は終了した。

解説

「人事評価」の目的は、「業績追求」と「人材開発」の促進である

これまでご紹介してきましたように、「目標管理」は、組織マネジメントの手法であり、「人事評価」とは異なるものです。しかし、「人事評価」と「目標管理」は全く無関係なものかというと、もちろんそうではありません。そこで最後に、両者の関係について整理しておきたいと思います。

まず、「人事評価」の意味・目的について考えていきます。「人事評価」という言い方は実は比較的新しいもので、以前は「賃金査定」と言われることもあり、一般的には「賃金を決めるために評価すること」と位置付けられていました。ところが、近年になって、この「評価」と「賃金（処遇）」の関係についての再整理が図られ、今は、「賃金を決めるために評価を行う」のではなく、「評価を行った結果を賃金（処遇）に反映する」という構造でとらえるようになってきています。「目的」と「手段」を逆転しただけですので、一見すると同じことのようにも思えますが、

その違いについては、明確に意識する必要があります。

それでは、企業にとっては、「社員の何を評価する」ことが求められ、「賃金（処遇）に反映することで何を期待する」のでしょうか。この二つの疑問については、次のように整理することができます。

①会社が社員に対して期待するのは、「業績追求（特定の期間に期待した成果を上げること）」と「人材開発（長期的な視点から人材としてのレベルを向上させること）」の二点である
②現状の「業績」を「評価」し、その内容を本人にフィードバックすることで、次期により高い業績を上げていくうえでの課題が明確になるとともに、高業績を動機付けていくことができ、「業績追求」の促進につながる
③現状の「人材レベル」を「評価」し、その内容を本人にフィードバックすることで、レベルアップに向けた課題が明確になるとともに、成長を動機付けていくことができ、「人材開発」の促進につながる
④「業績評価」は、「賞与等の賃金」に直接反映することで、次期の「業績追求」に対するモチベーションがさらに高まる
⑤「人材評価」は、「等級昇格」「役職登用」等の処遇に反映し、そのことによる「昇給」を行うことで、より高い役割を担うことに対するモチベーションがさらに高まる

✤ 図表32 「目標管理・人事評価」と「処遇反映」の構造

「処遇を決めるために評価を行う」のではなく、「評価した結果を処遇に反映する」ととらえる。

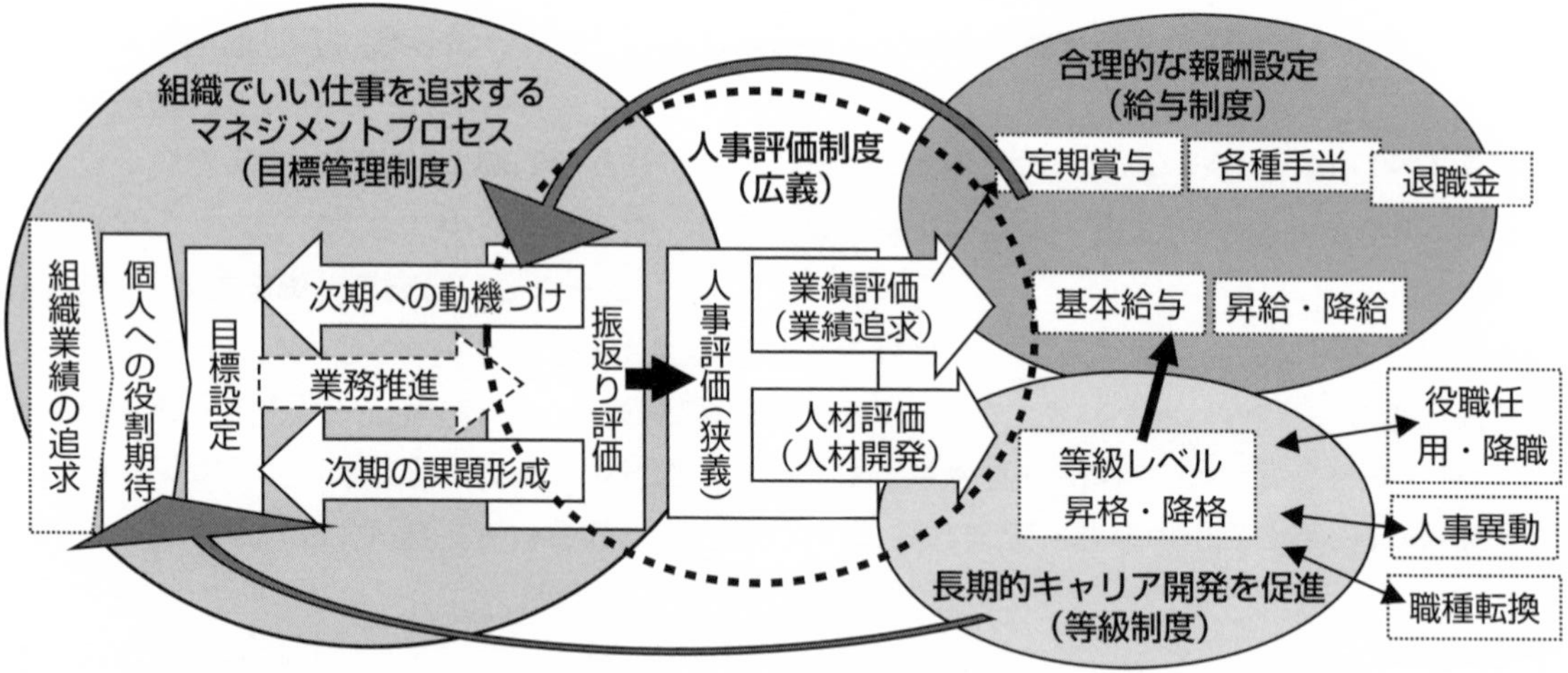

この考え方は、実は新しいものではなく、「評価」と「処遇」の関係を表すものとしてずいぶん古くから日本の社会において根付いているものです。

徳川家康の言葉として「功ある者には禄を！　能ある者には職を！」というものが伝えられていますが、これは、「功ある者」、つまり「業績を上げた者」には「禄」、つまり「賃金」で報いることで「動機付け」をすべし、また、「能ある者」、つまり「人材としてのレベルが高い者」には「職」、つまり「レベルの高い仕事」に就けることで、ますます力を発揮できるようにすべし、という教えです。まさに、この考え方そのものといえるでしょう。

▼「目標達成度」だけでは、「業績評価」にはならない

さて、それでは、「目標管理」と「人事評価」の関係については、どのように考えればいいでしょうか。

まずは、「業績評価」との関係を考えてみましょう。「目標管理」では、各メンバーが担う役割を「目標」として設定していますから、「目標達成度」を「業績」として考えればよさそうですが、そうは簡単にはいかない理由が大きく二つあります。一つは、「メンバー間の目標のレベルの違いの存在」、そしてもう一つが「目標以外の貢献を加味することの必要性」です。この二つ

の存在を明確に位置付けない限り、「業績評価」が適正なものにはならず、メンバーの不公平感を招く要因になってしまいます（図表33）。

「目標」は、各メンバーの力量から見て「達成したときに、いいね！といえるレベル」に設定することを原則としていますから、たとえ同じ等級であっても、そのメンバーの置かれた状況によってさまざまなレベルが存在することが想定されます。昇格したての人と、一段階上位の等級への昇格を目の前にしている人では、期待されるレベルには差が生じることも致し方ありません。したがって、それら「目標レベル」の差を勘案して「業績評価」を行うことが必要になってきます。ドラマにおいて桜田も、大野の「目標レベル」が等級としては高いことを他の評価者に訴えていました。

「目標以外の貢献を加味することの必要性」についても、ドラマでいくつかの場面で出てきました。「目標」は、そのメンバーが担っている役割のほとんどを包含していることが原則となりますが、実際にはそういかないことがあります。竹内の「一ヵ月間の応援派遣」はまさにそういう事例でした。もちろん、当初の目標以外の役割を担うことがわかった時点で、「目標の追加」をすべきだったとは思いますが、そのことにパワーを掛けるのではなく、「期末の業績評価時に加味する」ということでいいのかと思います。「元川商会」の「人事評価シート」を見ると、「業績評価」のコメント欄が「目標管理シートの内容」と「目標以外の貢献」に分かれています。これ

✤図表33　「業績」と「目標達成度」の考え方

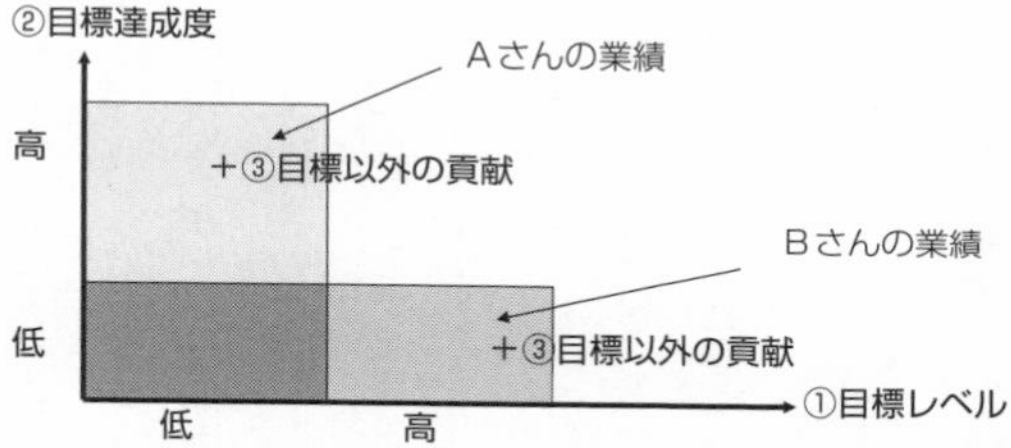

業績＝目標達成度×目標レベル＋目標以外の貢献
目標レベル…目標そのものの「難易度」「重要度」「目標全体のボリューム」等
目標以外の貢献…目標に設定し切れなかった役割貢献、職場業績追求への対応、等

は、「目標として設定しきれないものはある」という前提に基づくものといえます。

また、「目標以外の貢献」という言い方ですと、「業績評価にプラスする」というイメージですが、逆に「マイナス」になるようなこともあります。ドラマでも「他のメンバーに対する悪影響」について話題になっていましたが、もしも、これがかなり深刻な結果を招いているのであれば、その他の「目標達成度」がいかなる場合であっても、低く評価すべきでしょう。

▼「役割・目標のレベル」が、「人材評価」に大きく関連する

「目標管理」と「人材評価」の関係については、「第二章・第一節」で紹介したように、各企業が「役割等級制度」と「職能資格制度」のどちらを導入しているかで、いささか異なってきます。

「役割等級制度」の場合は、「人材開発」の基準が「果たしている役割のレベル」となります。したがって、本人が「目標管理」において設定している「目標」のレベルとその「達成状況」を等級に期待される「役割」のレベルに照らして評価することで、上位等級への昇格をだんだんと進展させていくことができます（図表34）。

これに対して「職能資格制度」は、「職務遂行能力の発揮レベル」を「人材開発」の基準にしていますので、「目標レベル」を評価しても「人材開発」には直接つながりません。したがって、「目標達成」に向かうプロセスにおいて発揮された「職務遂行能力」を等級に期待されるレベルに照らして評価することになります。視点を変えて言えば、上位等級で求められる「職務遂行能力」を発揮することが必要となる「役割」を想定して「目標」を設定することによって「人材開発」を進展させることになるわけです。その意味では、「役割等級制度」に比べ、「職能資格制度」における「人材評価」は、「目標管理」との関係が間接的なものとなります。

ところで、ドラマでは「人材評価」ではなく、「等級評価」という名称が使われていました。確かに「人材評価が低い」では、あまりにストレートで、次期に向けた「動機付け」にはつながりにくい印象です。意味としては「人材レベルの評価」ですが、名称としては「等級評価」「役割レベル評価」、もしくは、「職能資格制度」を導入している場合は「職能評価」「行動評価」「能

✤図表34 「目標管理」と「業績評価」「等級評価」の関係（役割等級制度）

業績評価：上期・下期の半期ごとの「目標達成」を中心に評価し、「業績追求」を促進
等級評価：担っている「役割・目標のレベル」を「等級基準」に照らして評価し、「人材としてのレベルアップ」を促進

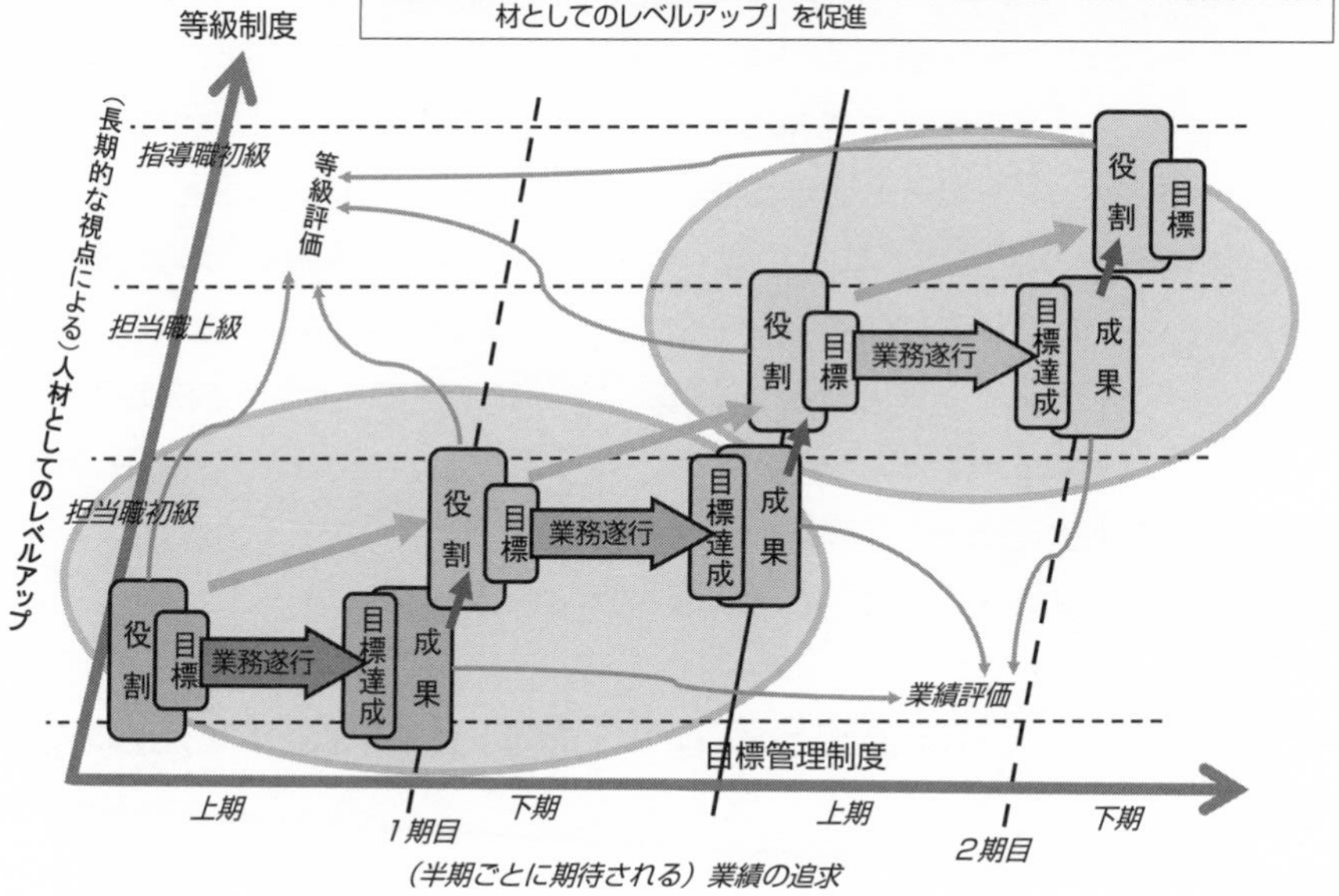

力評価」としているところが多いようです。

「評価のすり合わせ会議＆二次評価」で評価の信頼性を高める

ドラマでは、第一営業部の一次評価者である各課の課長と二次評価者である部長が集まった「評価のすり合わせ会議」が行われていましたが、これは、「人事評価」を行ううえで非常に重要なプロセスです。なぜならば、「評価のすり合わせ会議」は、「人事評価」の結果を信頼性の高いものに導いていく機能として位置付けられているからです。

「目標管理」の「振返り評価」において、「上司としての満足度メッセージを伝える」と紹介しましたが、「人事評価」においては、その結果が、ひいては「処遇」にもつながりますから、「上司としてのメッセージ」にとどまらず、「部門・会社のメッセージ」になります。そうなると、「部門・会社」としての基準に基づいて評価をすることが求められますが、一次評価者のみでは、自信を持って評価することには難しさが伴います。それを「評価のすり合わせ会議」を行うことで他の人の意見を聞いたり、人の評価内容を見て学習することをとおして、「評価の信頼性」を高めていくのです。

ところで、「評価の信頼性を高める」と一言で表しましたが、その内容は大きく「妥当性の確保」「客観性の確保」「標準性の確保」という三つの要素から構成されます。

「妥当性の確保」とは、「評価すべき内容を的確に評価すること」です。評価項目として何を選んだらいいのか、個々の「目標達成状況」を総合して「業績評価」を行う場合はどのようにウエイト配分したらよいのか等、難しいことは多く、評価に慣れていない一次評価者は迷うところです。ドラマでも、桜田の行った竹内の評価に対し、「目標管理シートの評価」と「目標以外の貢献」を総合する場合の観点について、染谷が指摘する場面がありました。

「客観性の確保」とは、「事実を正しくとらえて評価すること」で、評価者が間違った事実によって評価していないかをチェックすることです。「事実かそうでないか」を会議の場で検証することは難しいですが、「評価者が事実を歪めてとらえていないか」については、すり合わせることによって修正することが可能です。評価者が特定の事象にのみ注目して評価をしたり、「ハロー効果」といわれるようなメンバー個人に対する思い込みがあったりすることが、評価の信頼性を損ねてしまうことはありがちです。また、評価者の価値観による「好き・嫌い」が反映した「評価のクセ」が出てしまうこともあります。「すり合わせ会議」によって、そのような「事実の歪み」や「評価のクセ」を他の評価者から指摘され、気が付くことができれば、評価の信頼性は高まります。

最後に、「標準性の確保」とは、「評価基準に偏り・歪みがないこと」で、「評点」や「評価ラ

✤図表35　「評価の信頼性」の3つの要素

要素	内容	信頼性を高めるためのポイント
妥当性の確保	評価すべき内容を的確に評価する	・評価の意味・目的に照らし、ふさわしい「評価要素」を選択する ・複数の「評価要素」を総合するうえで、重要度や優先度を意識し適正なウエイト配分を行う
客観性の確保	事実を正しくとらえて評価する	・必要な事実確認やできるだけ多くの視点からの情報収集を行う ・「自己評価」の内容や特定の個人の意見に惑わされない ・「思い込み」によるエラー（期間外評価、ハロー効果、論理的過誤）や公私混同の発生を防ぐ ・評価者固有の「評価のクセ（価値観による好き嫌い）」を意識し、是正を図る
標準性の確保	評価基準（評点・評価ランクの付与基準）に偏り・歪みがない	・「寛大化傾向（甘く評価しがち）」「厳格化傾向（厳しく評価しがち）」「中心化傾向」「極端化傾向」といった評価者自身の評価の偏りを理解し、発生しないように意識する ・評価者間で評価ランクのレベルイメージを共有する

●評価者の陥りやすい「心理的なエラー」

ハロー効果	評価者が相手の特に優れた点、劣った点、または全体の印象に幻惑されて、他の事実をゆがめてとらえてしまうエラー
論理的過誤	評価者が論理的に考えるあまり、関連のありそうなことについて、事実に基づくことなく同一あるいは類似した判断を下してしまうエラー

ンク」がみな同じ基準によって付与されているかをチェックする視点です。一次評価者にとっては、数少ない自分のメンバーの中だけでは評価ランクの付与基準に確信が持てません。それが、より多くのメンバーとの比較ができれば、「ちょっと高すぎたかな」「あの人がAならば、彼もAでいいかな」と考えてい

くことができます。ドラマの桜田のように、評価に慣れていなかったり、異動した直後で仕事内容の理解が浅い場合は、「寛大化傾向（評価が一様に甘くなる）」が出がちですし、評価に自信がない時は「中心化傾向（中間評価に集中し、思い切った評価ができない）」にも陥りがちです。その傾向を他者の評価との比較によって明らかにすることもできますから、その意味では、この「標準性の確保」のためのチェックが、「評価のすり合わせ会議」の最も大きな効用かもしれません。

「評価のすり合わせ会議」は、あくまでも「評価の信頼性を高める」ためのプロセスですので、会議の場で結論を導く必要はありません。「人事評価制度」としては、「すり合わせ会議」の内容を、「二次評価」を行ううえでの参考とするという位置付けになります。

二次評価者は、一次評価者の上司として「二次評価」の内容をチェックし、責任を持って信頼性の高い「二次評価」を行うとともに、一次評価者の組織リーダーとしての「評価スキル」の育成を行うという役割を担っているのです。

▼メンバーの「人材情報」を部内で共有し、長期的な人材開発に活かす

ドラマの「評価のすり合わせ会議」では、最後に次の評価時における「昇格候補者」について

意見交換する場面が出てきました。実は、「評価のすり合わせ会議」は、「評価の信頼性を高める」という効用以外に、もう一つ「部内の人材情報を長期的な視点で共有する」という役割も担っていると考えることができます。

「長期的な視点で人材を育成する」ことは、組織の管理職層にとって重要な役割であることを前の章で申し上げましたが、実際にその人材育成を展開していくためには、現時点の直属上司だけではなかなか力及ばないところがあります。その意味では、部内のメンバー一人ひとりについて、「すり合わせ会議」の場で情報交換し、長期的な育成の見とおしについても共有していくことには大きな意味があります。「評価のすり合わせ会議」を何度も重ねていくことをとおして、その組織全体が長期的な視点で成長していくことが期待できます。

「目標管理」→「人事評価」→「長期的な人材開発」（→「目標管理」）というサイクルを大きく展開していくことで、企業全体が「いい仕事をし続けていく組織」として生き続けていくことができるのです。

あとがき

本書の元になる連載を雑誌「企業と人材」でスタートしたのが、二〇〇〇年一一月ですから、早くも二〇年が経過しようとしています。あれから、書籍の第一号「さあ、いい仕事をしよう！」が二〇〇二年にＰＨＰ研究所から創刊され、二〇〇九年に経営書院に移管して「新装版　さあ、いい仕事をしよう！」の出版となり、多くの方にご講読いただいてきました。

思えば、雑誌に連載した当時は、「成果主義人事」の潮流の中、「人事評価制度」として理解されがちであった「目標管理」を、「マネジメントの手法の一つ」として正しく認識していただきたいという気持ちからの出稿でした。あれから二〇年経ち、産業界における変化も大きく、組織・人材の考え方にも変化が見られるようになってきました。その意味では、おかげさまで「目標管理」に対する誤解もずいぶんと解消されてきた感があります。

また、一方で組織リーダーにとってのマネジメントの重点が「組織メンバー個々の仕事のマネジメントを行う」から「組織全体の方向性を明確にし、成果を追求する」に移ってきました。つまり、ビジネス戦略の多様化・複雑化に伴う組織の再編が行われたり、組織が継続していたとしてもその組織の担う任務が見直されたりといったことの頻度が高くなってきたといえます。まさに、かつてチャンドラーが言ったように「組織は戦略に従う」ということです。

併せて、「目標管理」と「人事評価」の関係についても、この二〇年に大きな進展が見られました。私自身、「人事コンサルタント」として数多くの企業で「目標管理制度」の指導と「人事評価制度」の整備を行ってきましたが、「人事評価」の内容を「業績評価」と「人材評価」の二つに区分し、「処遇反映」との関係を整理したことで、「人事評価」の意味と目的が明確になり、「目標管理」とうまく連動して運用することが可能になってきました。

ところで、「この二〇年間の産業界の変化」は、もっと大きな影響を本書にもたらしています。それは、これまでの「さあ、いい仕事をしよう!」のドラマの舞台であった「カメラ屋」という業態の変化です。もちろん、「カメラ屋」というビジネスはこれからも継続・発展していくものでしょうが、取扱商品やサービス内容はもちろんのこと、以前のドラマのような店舗展開もあまり見られなくなっています。

その状況を踏まえ、本書(特にドラマ部)の改訂については、実はもはや五年も前に、経営書院の佐藤健一氏からお勧めを受けていました。ただし、その必要性を十分に理解してはいたものの私自身の繁忙と重なり、長い間棚上げしてまいりましたが、この度いくらかまとまった時間が取れたことで、執筆させていただくことができました。

そして、「産業界の変化」は、さらにその勢いを増しています。今回の執筆の途上にも、「仕事の仕方」にも大きな変化をもたらす事態が発生し、文章の中にもいくつもの細かい修正の必要性を生じさせました。「在宅勤務」が多く取り入れられ、Ｗｅｂを利用したリモート会議も日常的なものになってきました。おそらく、今後、営業の方法もこれまでのものとは大きく変わり、その意味では、新しいドラマの設定も、すぐに過去のものになってしまうことは自明と考えられます。

とはいえ、本書の中でも触れたように、「三年先が分からないから」といってそのままにしておくわけにもいきません。そこで、ドラマの舞台を一変し、併せてドラマ展開ならびに解説部における内容についても「組織目標の設定」部分を充実させるとともに、「人事評価への活用」部分を加えて、本書の出版に至った次第です。これまでの「さあ、いい仕事をしよう！」とは異なる内容も多いため、「改訂版」というよりも、まさに「令和版　さあ、いい仕事しよう！」としてお読みいただけたなら、大変光栄です。

なお、本書における「目標管理（Management by Objectives)」の基本的な構造は、中嶋哲夫氏の「Creative・MBO」の考え方に範を求め、ご指導いただいたものです。この場を借りて厚く感謝の気持ちを表したいと思います。

また、本書の主軸を成しているドラマ部は、数々の企業における第一線の管理職の皆さんとの交流によって得た情報をもとに発想したものです。その意味では、その大事なマネジメントノウハウを無断でドラマの中に散らばらせていただいていることに対しても、感謝とお断りとを申し上げなければなりません。

最後に、本書が出版に至るうえでひとかたならぬご尽力をいただいた経営書院の佐藤健一氏、ならびに雑誌「企業と人材（産労総合研究所）」の石田克平氏に対し改めて御礼を申し上げるとともに、本書の内容についての相談相手になっていただいたキャリアアンカー社スタッフの阿久津麻里氏に感謝したいと思います。

二〇二〇年九月

塩津　真

著者略歴
塩津　真（しおつ　まこと）
1958年　埼玉県生まれ
筑波大学人間学類（心理学専攻）を卒業後、㈱日本リクルートセンター（現リクルートホールディングス）入社。途中一時退職し、筑波大学大学院　経営・政策科学研究科修了。
同社にて「科学万博つくば」協会コンパニオンの人事・組織の設計等、数々の大型プロジェクトの企画・開発を担当。組織活性化研究所主任研究員、人材開発事業準備室課長、株式会社コスモスホテル開発（リクルートグループ）人事課長を経て、1994年に株式会社キャリアアンカーを設立。「良い仕事をする人と組織作り」をテーマに、人事・組織戦略コンサルタントとして数々の企業で成果を上げている。
コンサルティングの傍ら、目標管理・人事評価・組織診断・ES調査・360度フィードバックの専門家として著述・講演活動も多く行っている。主な著書に「上司の評価　会社の評価」（経営書院）がある。

本書は2002年３月にPHP研究所より発刊した「さあ、いい仕事をしよう！」を加筆・修正して2009年９月に経営書院より発行した「新装版さあ、いい仕事をしよう！」を、令和の時代に併せて大幅に内容を改定いたしました。

令和版　さあ、いい仕事をしよう！

2009年９月22日　第１版　第１刷発行
2020年10月14日　第２版　第１刷発行

定価はカバーに表示してあります。

著　者　塩　津　　真

発行者　平　　盛　之

㈱産労総合研究所
発行所　出版部　経営書院

〒100-0014
東京都千代田区永田町１―11―１　三宅坂ビル
電話03(5860)9799　振替　00180-0-11361

落丁・乱丁はお取替えいたします

印刷・製本　中和印刷株式会社

ISBN978-4-86326-299-7